Kochen für Pfundskinder

Über 80 leckere Gerichte
schnell und leicht zubereitet

Inhalt

4 Rund ums Gewicht
4 Wachstum in Schüben
5 Wie kann man das Gewicht beurteilen?
7 Ungünstige Gene treffen ungünstige Bedingungen

8 Mehr Bewegung
8 Bewegungsfalle Bildschirm
8 Bewegungsfalle Auto
10 Wie oft bewegen wir uns?
11 Runter vom Stuhl, rauf auf die Füße
12 Gemeinsam aktiv werden

14 Ausgewogen essen
14 Diäten tabu
15 Ein Ernährungskonzept, das fit und schlank macht
16 Der Ernährungscheck
17 Fett: kleine Menge, große Vorteile
19 Die Familie isst mit
19 Besser selbst gekocht
21 Gemüse und Früchte der Saison
22 Hinweise zu den Rezepten

24 Müsli, Brote und Gemüseknabbereien
38 Suppen und Eintöpfe
48 Pasta und Pizza
64 Kartoffeln, Reis und Co.
82 Allerlei mit Fisch und Fleisch
100 Süße Hauptgerichte und Desserts

110 Rezeptverzeichnis

Rund ums Gewicht

Ist mein Kind ein Wonneproppen? Hat es zu viele Kilos auf den Rippen? Und wenn ja, wächst sich das wieder aus oder muss ich etwas dagegen tun? Eltern sind verunsichert, wenn es um das Körpergewicht ihres Kindes geht. Kein Wunder, denn das Gewicht der Kinder ist in die öffentliche Diskussion geraten. Im Säuglings- und Kleinkindalter sind Eltern jedoch eher besorgt, dass ihr Sprössling zunimmt und gut gedeiht. „Mein Kind isst gut", damit meinen sie „es geht ihm gut". Babyspeck und Pausbäckchen werden positiv und von Eltern nicht als Hinweis für späteres Übergewicht gesehen. Vielfach wächst sich der Babyspeck aus, doch leider werden aus 14 % der übergewichtigen Säuglinge später dicke Erwachsene.

Wachstum in Schüben

Kinder wachsen bis zur Pubertät mal eher in die Höhe, mal eher in die Breite, sind mal eher schlanker, mal eher pummeliger. Solange sich die beiden Phasen immer wieder ausgleichen, ist alles in Ordnung. Allerdings gibt es Zeiten, in denen das Risiko größer ist, besonders viel an Gewicht zuzunehmen. Die erste Phase beginnt direkt nach der Geburt. Babys setzen – mehr oder weniger – Babyspeck an. Normalerweise wird dieser in der Krabbel- und Laufphase wieder „verbraucht". Spätestens mit etwa 3 Jahren sollte er ganz verschwunden sein. In der Kleinkindphase nehmen die Kinder gerne wieder etwas zu, um sich dann, etwa mit Beginn der Schulzeit wieder zu strecken und schlanker zu werden. Dieser Zeitpunkt zwischen dem 5. und 8. Lebensjahr ist aber oft kritisch. Der Eintritt in die Schule verändert viel: Länger still sitzen, weniger toben, feste Essenszeiten, mehr Stress. All das kann dazu führen, dass mehr gegessen wird und die Rundungen der Kleinkindphase nicht verschwinden. Nach dieser Phase wächst das Kind wieder eher in die Breite, um dann in der Pubertät in die Höhe zu schießen. Dies ist die dritte kritische Phase. Jetzt ist alles auf den Kopf gestellt. Das hormonelle Ungleichgewicht, die körperliche Entwicklung und das starke Wachstum können dazu führen, dass die Jugendlichen mehr als nötig essen und sich die überschüssigen Pfunde nicht auswachsen.

Wie kann man das Gewicht beurteilen?

Der Augenschein kann erste Hinweise geben. Wie ist das Kind im Vergleich zu seinen Spiel- und Klassenkameraden einzustufen? Eher dicker oder dünner? Leider sehen die meisten Eltern jedoch zu wohlwollend hin und halten ihren Sprössling für „ungefähr richtig", selbst dann, wenn dieser bereits übergewichtig ist. So die Ergebnisse einer britischen Studie, die im November 2004 veröffentlicht wurde. Nur ein Viertel der Eltern war sich bewusst, dass ihre Kinder Gewichtsprobleme haben.

Auch der Kleiderkauf kann Hinweise darauf geben, dass das Kind übergewichtig ist. Wenn Hosen und T-Shirts zwar in der Länge passen, an Taille und Hüften aber nicht zu schließen sind oder über den Bauch spannen, sollte man aufmerksam werden.

Im Rahmen der U-Untersuchungen beim Kinderarzt wird das Kind immer gewogen, gemessen und die Werte in das Somatogramm auf der Rückseite des Untersuchungsheftes eingetragen. So werden Entwicklungstendenzen früh sichtbar. Am besten ist jedoch der Body-Mass-Index zur Beurteilung von Übergewicht und Adipositas (Fettsucht) geeignet. Auch die Messung der Hautfaltendicke ist ein gutes Mittel, das Körperfett zu bestimmen, wird aber eher selten angewandt.

≫ Body-Mass-Index

Ein Kind ist dann übergewichtig oder fettsüchtig, wenn es mehr Körperfett hat als es seiner Altersnorm entspricht. Das lässt sich indirekt über Messung von Körpergröße und Körpergewicht mit dem so genannten Body-Mass-Index (BMI) bestimmen.

BMI = Körpergewicht (kg) / Körpergröße (m)^2

Wenn beispielsweise ein 8-jähriges Mädchen 37 kg wiegt und 1,42 m groß ist, dann errechnet sich ihr BMI folgendermaßen:

$$\frac{37}{1{,}42 \times 1{,}42} = 18{,}32$$

Bei Erwachsenen ist die Beurteilung einfach: Übergewicht liegt bei einem BMI über 25 kg/m² vor, Adipositas (Fettsucht) bei einem BMI über 30 kg/m². Der kindliche Körper wächst und entwickelt sich jedoch, und damit verändert sich auch die Körperzusammensetzung. Deshalb muss der individuelle BMI des Kindes anhand von Perzentilenkurven beurteilt werden. Diese BMI-Perzentilen der Arbeitsgemeinschaft Adipositas im Kindes- und Jugendalter liegen seit 2001 vor.

Perzentilkurven für den Body Mass Index (Mädchen 0–18 Jahre)

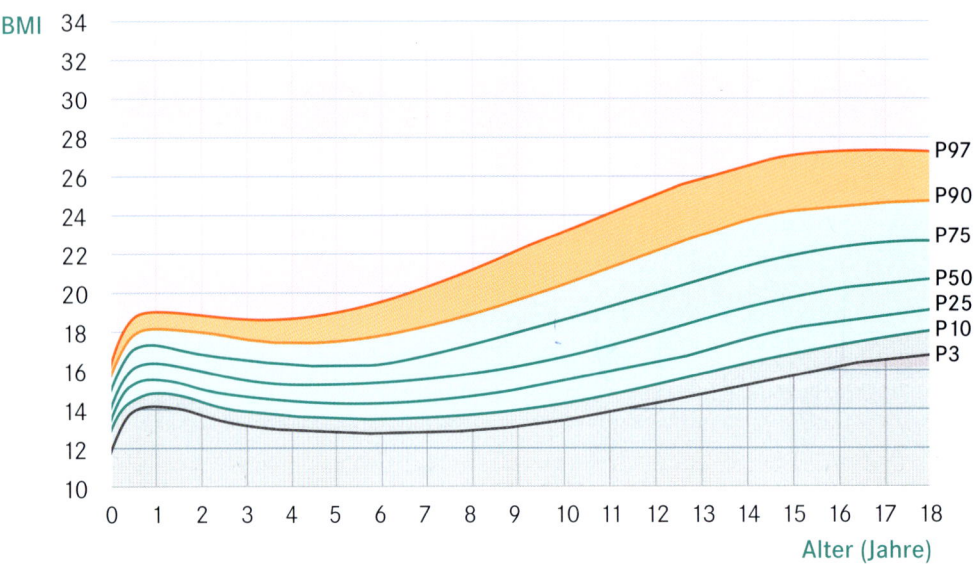

Perzentilkurven für den Body Mass Index (Jungen 0–18 Jahre)

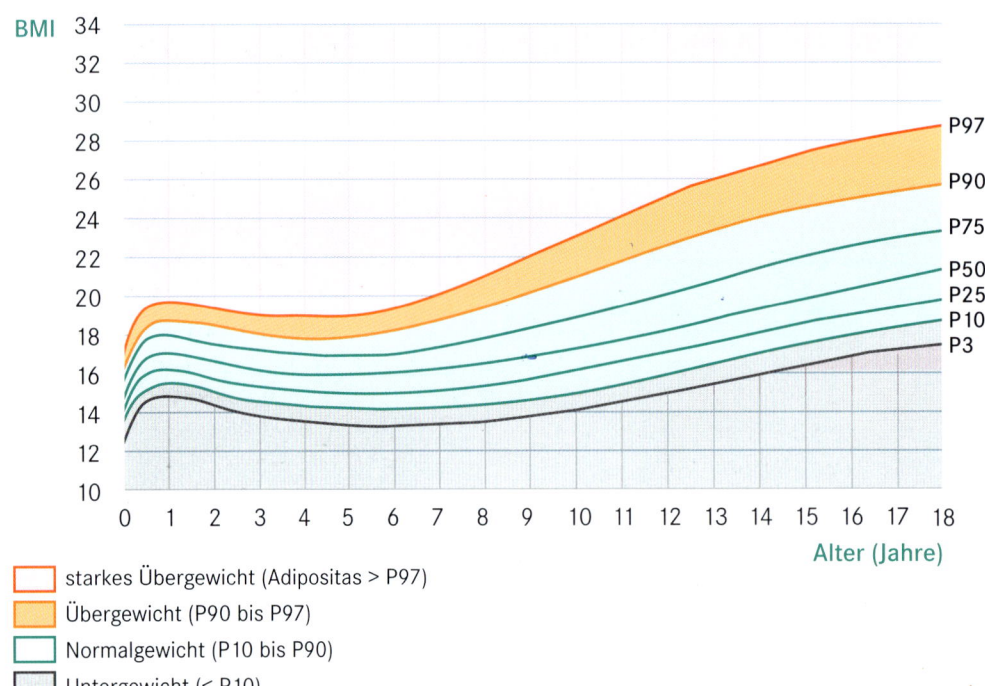

- starkes Übergewicht (Adipositas > P97)
- Übergewicht (P90 bis P97)
- Normalgewicht (P10 bis P90)
- Untergewicht (< P10)

Nach K. Kromeyer, M. Wabitsch, D. Kunze et al.: Monatsschr. Kinderheilk. 149 (2001)

So beurteilen Sie das Ergebnis:

- Liegt der errechnete BMI zwischen der Linie P 10 und P 90, ist das Gewicht im Normalbereich. Alles ist in Ordnung!

- Liegt der errechnete BMI oberhalb der Linie P 90, aber noch unterhalb von P 97, ist Ihr Kind übergewichtig. Auf jeden Fall sollten Sie anstreben, dass Ihr Kind nicht noch weiter zunimmt. Sprechen Sie mit Ihrem Kinder- oder Hausarzt. Er entscheidet, ob bereits eine Reduktion des Körpergewichts notwendig ist.

- Liegt der errechnete BMI oberhalb der Linie P 97, spricht man von Adipositas. Ihr Kind muss das Gewicht reduzieren. Eine umfassende Untersuchung beim Kinder- oder Hausarzt ist notwendig. Er kann das Gewicht beurteilen und Sie ggf. an Spezialisten überweisen.

Ungünstige Gene treffen ungünstige Bedingungen

Übergewicht kann viele Ursachen haben. Umwelteinflüsse oder genetische Veranlagung – einzelne Auslöser sind selten zu finden. Meist spielen mehrere Faktoren zusammen und das über einen längeren Zeitraum. Denn Übergewicht entsteht nicht von heute auf morgen.

Unser Körpergewicht ist genetisch festgelegt, zumindest zu 50 bis 80 %, so schätzen die Experten. Deshalb ist das Risiko für Kinder mit übergewichtigen Müttern oder Vätern höher, selbst übergewichtig zu werden. Es ist jedoch schwierig, die genetischen Ursachen im Einzelnen auszumachen. Eine Vielzahl von Genen ist an der Regulation des Körpergewichts beteiligt. Manche haben einen sehr großen, manchen einen sehr kleinen Einfluss.

Zugegeben: Der Einfluss der Gene ist hoch, doch handelt es sich um eine Prädisposition, eine Veranlagung. Nur dann, wenn entsprechende Bedingungen geschaffen werden, können die Gene ihre Wirkung entfalten und aus der Veranlagung wird Bestimmung. Eine Vielzahl von Umweltfaktoren, die die Entstehung von Übergewicht beeinflussen, wird heute diskutiert. Dazu gehören vor allem körperliche Inaktivität und die überhöhte Fett- bzw. Kalorienzufuhr. Selten steht ein Faktor für sich allein. Ein Beispiel: Wer sich körperlich wenig bewegt, lieber mit dem Auto fährt, als die Füße in Trab zu bringen, verbraucht wenig Energie. Wird aber zu viel Energie aufgenommen, wird der Überschuss gespeichert.

Das Verhältnis von Energieaufnahme (Nahrungsmenge und -qualität) zu Energieverbrauch (Bewegung und körperliche Arbeit) ist also entscheidend. Nimmt man mehr Energie zu sich als man braucht, entstehen ungeliebte Fettpolster. Dafür reichen schon geringe Kalorienüberschüsse pro Tag aus. Allerdings werden diese leichter gespeichert, wenn man eine genetische Veranlagung dafür hat.

Mehr Bewegung

Mehr Bewegung in unseren Alltag und den unserer Kinder zu bringen hat viele Vorteile. Bewegung fördert die motorische und sensorische Entwicklung, die körperliche Gesundheit, stärkt das Selbstvertrauen und verbraucht nicht zuletzt Energie. Doch leider ist die Welt der Kinder von heute bewegungsarm geworden. Gerade mal 1 Stunde pro Tag sind Grundschulkinder im Schnitt körperlich aktiv. Zu wenig! Den Rest des Tages verbringen sie liegend, sitzend oder stehend. Das wirkt sich aus. So hat sich die motorische Leistungsfähigkeit der Kinder in den letzten 25 Jahren um 10 % verschlechtert und auch die gestiegene Häufigkeit von Übergewicht bei Kindern und Jugendlichen wird damit in Zusammenhang gebracht. Viele Faktoren haben dazu geführt, dass sich Kinder weniger bewegen. Zwei davon heißen Fernsehen und Auto.

Bewegungsfalle Bildschirm

Die Freizeitgestaltung der Kinder ist heute nicht mehr dem Zufall überlassen. Rausgehen, mal sehen, welches Nachbarskind noch im Hof oder auf der Straße ist, einfach spielen oder die Gegend entdecken, das scheint nicht mehr möglich. Heute muss man sich zum Spielen verabreden, die Zeit ist knapp. Schließlich stehen nachmittags Musikstunde, Turnverein, Kunstkurs o.ä. auf dem Programm. Aktivität bleibt nicht dem Zufall überlassen. Einen interessanten Nachmittag bieten aber auch Fernsehen, PC-Spiele, Gameboy oder Surfen im Internet, allein oder zusammen mit einem Freund. Die Zeit vor dem Bildschirm hat in den letzten 20 Jahren enorm zugenommen. Private und öffentlich-rechtliche Fernsehsender bieten tagsüber eine vielfältige Programmauswahl. 15 bis 20 % der 11-Jährigen sehen heute mindestens 4 Stunden fern, so eine Studie unter Kooperation der WHO. Doch egal ob Fernsehen, mit Computer oder Gameboy spielen – die Zeit wird im Sitzen verbracht. Energie wird dabei kaum verbraucht. Oft ist sogar das Gegenteil der Fall: Denn wird nebenbei noch geknabbert und genascht, wird eine ganze Menge an Kalorien aufgenommen.

≫ 1 Stunde pro Tag

Da Fernsehen zur Passivität verleitet, ist Einschränkung der täglichen Fernseh- und Bildschirmzeit notwendig. Fernsehen ist jedoch eine der Lieblingsbeschäftigungen von Kindern. Deshalb sollte man die Zeit nicht abrupt, sondern nach und nach bis auf 1 Stunde am Tag reduzieren. Am Anfang hilft eine Prioritätenliste: Das möchte ich unbedingt sehen, das vielleicht, darauf könnte ich verzichten. Danach geht's an die konkrete Planung. Und natürlich auch an die Überlegung, wie man die nun zur Verfügung stehende Zeit aktiv nutzen kann. Z.B. Mit einem Freund Rad oder Skateboard fahren.

Bewegungsfalle Auto

Beim Fernsehen sitzen wir, im Auto oder im Bus auch. Wer heute zum Kindergarten oder in die Schule, nachmittags zum Verein, zum Supermarkt um die Ecke oder zu einer Freundin fahren will, geht selten zu Fuß oder nimmt das Rad. Meist ist der Taxi-Service der Mutter gefragt. Das strengt nur das Auto an. Das verbraucht Energie, Sprössling und Mutter nicht. Deshalb raus aus dem Auto, rauf auf die Füße oder aufs Fahrrad. Viele Wege sind so kurz, dass sie auch von kleinen Kindern gut zu bewältigen sind. Allerdings muss man für die Wege Zeit einplanen. Doch die Lauf-Zeit wird gut genutzt. Sie bieten z.B. Entspannungsmomente nach anstrengenden Schulstunden, Möglichkeit für Gespräche mit dem Kind oder einfach ein paar Minuten Ruhe.

Wie oft bewegen wir uns?

Wie viel Sport in der Woche getrieben wird, ist meist schnell errechnet: Die Sportstunden in der Schule, im Verein oder die Bewegungsförderungseinheiten im Kindergarten lassen sich leicht zusammenzählen. Dagegen können Bewegungszeiten im Alltag oft nur grob geschätzt werden. Klarheit bringt ein Bewegungsprotokoll. Alle Familienmitglieder sollten mitmachen. Wer hat sich am Wochenende am meisten bewegt? Lässt sich die Zeit pro Tag steigern? Anregungen finden Sie auf den Seiten 11 bis 13.

Pro 15 Minuten Aktivität gibt es 1 Punkt. Die Punkte können Sie in Ihrer Spalte an dem entsprechenden Tag eintragen. Kopieren Sie die Tabelle und machen Sie den Test immer mal wieder.

Punkte gibt es für immer dann, wenn …
- man zu Fuß unterwegs ist, z.B. zum Kindergarten, in die Schule, für Besorgungen, zum Einkaufen, mit dem Hund, beim Spaziergang, um Freunde zu besuchen …
- draußen spielen angesagt ist (Fangen, Klettern, Gummitwist, Ballspiele …).
- Sport in der Schule oder im Verein getrieben wird.
- in Garten oder Haus gearbeitet wird (Laub zusammenfegen, Rasen mähen, Kehren …).

	Namen der Familienmitglieder			
Montag				
Dienstag				
Mittwoch				
Donnerstag				
Freitag				
Samstag				
Sonntag				
Wochensumme				

Wer wissen will, wie lange er pro Tag sitzt und nicht in Bewegung ist, macht aus dem Bewegungsprotokoll ein Sitzprotokoll. Auch hier gibt's für 15 Minuten Sitzen 1 Punkt: Fürs Sitzen in der Schule, im Kindergarten, im Auto, vor dem Fernsehen oder dem Computer, beim Telefonieren, Lesen, Spielen …. Nachts schlafen wird nicht gerechnet.

Runter vom Stuhl, rauf auf die Füße

Sich mehr zu bewegen ist ein wichtiger Bestandteil aller Übergewichtsprogramme, egal ob es um Therapie oder um Vorbeugung geht, egal ob sie sich an Erwachsene oder an Kinder richten. Mehr Bewegung, das bedeutet aber nicht nur, mehr Sport zu treiben, sondern vor allem den Alltag aktiver zu gestalten. Hier gibt es viele Möglichkeiten und alle Familienmitglieder sollten mitmachen. Jedem tut mehr Bewegung gut, und wenn Sie mit gutem Beispiel vorangehen, können Sie Ihren Sprössling leichter überzeugen.

Hier einige Vorschläge:

- Machen Sie um Fahrstühle, Rolltreppen und Rollbänder einen großen Bogen. Benutzen Sie die Treppe sooft es geht, im Kaufhaus genauso wie in der U-Bahn-Station, im Mehrfamilienhaus, auf dem Flughafen oder in der Tiefgarage.

- Lassen Sie sooft wie möglich das Auto stehen und gehen Sie zu Fuß oder nehmen Sie das Fahrrad. Im Sommer kann man manches auch auf Inlinern erledigen. Nehmen Sie alle Fahrwege genau unter die Lupe, bevor Sie entscheiden, weiterhin mit dem Auto oder mit dem Bus zu fahren.

- Steigen Sie beim Fernsehen von der Fernbedienung auf Handbedienung um. So muss man zumindest zum Umschalten immer wieder aufstehen.

- Sorgen Sie dafür, dass nach Fernsehen und Computerspielen eine Bewegungseinheit folgt. Das Beste ist, an die frische Luft zu gehen, z.B. den Hund Gassi zu führen. Man kann aber auch im eigenen Zimmer tanzen bis die Puste ausgeht, mit dem Softball spielen – es gibt viele Möglichkeiten. Auch bei leichtem Regen und Schnee kann man nach draußen gehen, über Pfützen springen, im Schnee stapfen, Schneemänner bauen oder Schlitten fahren. Gummistiefel, Regen- oder Winterjacken, Schneeanzüge schützen vor Nässe und halten warm.

Mehr Bewegung im Alltag wird durch Sportstunden gezielt ergänzt. Doch welche Sportart die günstigste für übergewichtige Kinder und Jugendliche ist, darüber gibt es bisher keine Daten. Ebenso wenige darüber, wie lang, wie häufig oder wie intensiv Sport getrieben werden soll. Deshalb gilt: Jede Sportart, die Ihr Kind mit Begeisterung ausübt, ist zu begrüßen.
Kleinkinderturnen, Mutter-Kind-Turnen – Sportvereine bieten oft auch für die Kleinsten ein entsprechendes Angebot. Spielerische Bewegungen stehen im Vordergrund. Die größeren können zwischen verschiedenen Sportarten wählen. Für übergewichtige Kinder sind vor allem Ausdauersportarten empfehlenswert, denn sie verbrauchen viel Energie und verbrennen Fett. Dazu gehören zum Beispiel Walken, Schwimmen, Skilanglauf. Doch die monotonen Bewegungen finden Kinder oft langweilig. Wichtig ist es daher, eine Sportart zu finden, die Ihrem Kind gefällt, es nicht überfordert und seine Gelenke, die durch das Gewicht sowieso schon mehr belastet sind, nicht noch zusätzlich strapaziert. Oft haben übergewichtige Kinder bereits schlechte Erfahrungen z.B. im Schulsport gemacht. Die Bereitschaft, einen neuen Sport auszuprobieren, kann daher manchmal sehr gering sein. Gut sind Sportgruppen speziell für übergewichtige Kinder, die von Krankenkassen oder Sportvereinen angeboten werden.

Suchen Sie trotz der Hürden zusammen mit Ihrem pfundigen Sprössling eine Sportgruppe, die ihm gefällt. Dabei sollte nicht Leistungsdenken, sondern Spaß an der Bewegung im Vordergrund steht. Sehen Sie sich das Training gemeinsam an, sprechen Sie mit den Übungsleitern, mit Kindern, die den Kurs besuchen, und versuchen Sie herauszufinden, ob die Gruppe und die Sportart für Ihr Kind geeignet sind. Mindestens einmal pro Woche sollte die Sportart durchführbar sein.

Aber auch außerhalb einer Gruppe macht Sport Spaß. Rad- oder Inlinerfahren und Eislaufen eignen sich, denn sie fördern die Ausdauer und schonen die Gelenke. Tischtennis und Federball trainieren die Geschicklichkeit und Konzentration, Kampfsportarten wie Judo, Aikido oder Karate fördern vor allem Kraft und Beweglichkeit und stärken zudem das Selbstbewusstsein.

> ## >> Rücksprache mit dem Arzt
>
> Übergewichtige Kinder haben aufgrund des Gewichtes häufig orthopädische Probleme. Manchmal liegen zusätzlich andere Erkrankungen vor. Klären Sie deshalb mit dem Kinder- oder Hausarzt, welche Sportarten Ihr Kind nicht ausüben sollte. Bei stark übergewichtigen Kinder ist ggf. eine sportmedizinische Untersuchung von Vorteil.

Gemeinsam aktiv werden

Ein Kind, das bisher die meisten Stunden seiner Freizeit sitzend vor Büchern, Computer und Fernseher verbracht hat, wird sich wahrscheinlich schwer tun, sich häufiger und regelmäßig zu bewegen. Der natürliche Bewegungsdrang ist abhanden gekommen und der aktive Lebensstil noch lange keine Selbstverständlichkeit. Helfen Sie Ihrem Kind zu entdecken, dass Bewegung Spaß macht. Denn Spaß ist der größte Motivationsfaktor, um aktiv zu bleiben. Unterstützen Sie Ihren Sprössling. Helfen Sie bei der Planung der Sportstunden. Erinnern Sie daran und ermuntern Sie. Bestärken Sie Ihr Kind auf seinem neuen aktiven Weg. Vor allem aber: Seien Sie Vorbild. Zeigen Sie, dass Bewegung auch Ihnen Freude macht. Denn warum sollte das Kind Sport treiben, wenn der Rest der Familie seine Freizeit auf der Couch verbringt. Besonders viel Spaß macht Bewegung in der Mini-Gruppe „Familie". Der familieneigene Wettbewerb spornt enorm an. Außerdem festigen die gemeinsamen Aktionen das „Wir-Gefühl" und intensivieren die Beziehungen. Kleinere Kinder lassen sich von Bewegungsspielen locken. „Ein Hut, ein Stock, ein Regenschirm", so heißt ein ganz altes Spiel, das bis heute nichts von seinem Reiz verloren hat. Mit größeren Kindern kann man neue Sportarten entdecken.

Aktives Familienwochenende

Samstage, Sonn- und Feiertage sind wie dafür geschaffen, mit der ganzen Familie aktiv zu sein. Sport, Spiel und Spaß fördern Ausdauer und Kraft von Klein und Groß. Hier können sich die Familienmitglieder, die an Arbeits- und Schultagen sonst eher eigene Wege gehen, als Familie erleben.

Wandern, Spazierengehen

Einfach nur spazierenzugehen ist Kindern meist zu langweilig. Aber eine kleine Wandertour mit Rucksack ist schon etwas Besonderes. Lohnende Ziele befinden sich sicher in näherer Umgebung. Ideen können spezielle Familienführer liefern, die es mittlerweile für viele Regionen gibt.

Spaziergänge mit Hindernislauf

Waldspaziergänge trainieren die Geschicklichkeit, fördern die Körperwahrnehmung, vor allem dann, wenn man die offiziellen Wege verlässt. Auf Baumstämmen zu balancieren, durchs Unterholz zu laufen, Pilze zu suchen, von Baumstümpfen zu springen, im Herbst durch den Blätterteppich zu rennen, Beeren zu pflücken, Baumrinden zu fühlen, Trimm-dich-Pfade zu erkunden – der Wald bietet vielfältige Möglichkeiten, sich zu bewegen.

Freizeitbad, Sinnesparcour, Barfußpfade

Sichten Sie das Freizeitangebot rund um Ihre Gemeinde. Besuchen Sie ein großes Erlebnisbad, laufen Sie mit nackten Füßen über einen Sinnesparcour, gehen Sie auf die Eislaufbahn – Möglichkeiten gibt es meist mehr, als man denkt.

Radtour

Radtouren sind für die ganze Familie ideal. Ein attraktives Ziel, ein gut gefüllter Picknickkorb, ein Ball im Fahrradnetz, genug zu trinken und natürlich funktionstüchtige Räder – mehr braucht man nicht. Schon mit 6-Jährigen kann man kleine Tagestouren machen. Sorgen Sie für häufige Pausen und wählen Sie am Anfang Routen, bei denen Sie ggf. auch mit der Bahn zurückfahren können.

Minigolf

Minigolf ist etwas aus der Mode geraten. Doch macht das Spiel immer noch Spaß. Am besten zur Minigolfanlage laufen. So wird nicht nur die Geschicklichkeit, sondern auch die Ausdauer trainiert.

Kegeln oder Bowlen

Wenn's draußen regnet oder schneit, können Kegel- oder Bowlingbahnen größeren Kindern und ihren Eltern Möglichkeit zur Bewegung geben. Zum Durstlöschen Wasser statt Limonade oder koffeinhaltige Erfrischungsgetränke bestellen. Im Sommer kann man im Garten kegeln, da können auch die Kleinsten mitmachen. Und in der Wohnung sorgen Kunststoffkegel für Spaß.

Ball spielen, Indiaca, Frisbee®

Ein Ball oder eine Frisbee-Scheibe ist fast in jedem Haushalt zu finden. Mit einem Softball lässt sich sogar in der Wohnung spielen.

Aktiv im Urlaub

Der Urlaub ist wie geschaffen, aktiver zu werden. Lassen Sie sich ruhig auch mal aus der Puste bringen: Strandwanderungen, Spielen mit den Wellen, Weitspringen im Sand, Boccia, über kleine Bäche hüpfen, Klettern oder vielleicht in den Ferien mal zusammen etwas Neues ausprobieren, z.B. Reiten oder Skifahren – Sie werden sehen, der Erholungswert steigt durch Bewegung.

Ausgewogen essen

Neben mehr Bewegung ist eine ausgewogene Ernährung zum Abbau von Übergewicht wichtig. Beide Faktoren müssen Hand in Hand gehen, damit die überflüssigen Pfunde auf Dauer keine Chance haben.

Diäten tabu

Kohlsuppe, Atkins-Diät, Eierdiät, Nulldiät, Iss die Hälfte – Diäten gibt es viele. Doch allesamt sind sie für Kinder und Jugendliche tabu! Zu groß ist die Gefahr, sich einseitig zu ernähren und bestimmte Nährstoffe damit aus der Ernährung zu streichen. Nährstoffmangel ist im Wachstum besonders gefährlich. Hinzu kommt, dass strenge Diäten zumindest im Extremfall sogar Ess-Störungen auslösen können.
Eine Veränderung der Ernährungsweise ist deshalb die Lösung. Ausgewogen muss sie sein. Statt Diätplänen und Kalorienzählen gilt es, den individuellen Weg zu einer Ernährung zu finden, die schmeckt und Spaß macht, alle notwendigen Nährstoffe liefert und mit der das Kind nicht mehr Energie aufnimmt, als es braucht. Diese Ernährungsänderung verläuft auf zwei Ebenen: bei der Lebensmittelauswahl und beim Essverhalten. Dies führt dazu, dass Kinder ihr Gewicht halten bzw. langsam reduzieren und, wenn sie größer werden, ihr Übergewicht auswachsen. Langfristig wird damit ein neues Ernährungsverhalten „trainiert", das die Chance erhöht, nicht wieder zuzunehmen.

Ein Ernährungskonzept, das fit und schlank macht

Reichlich Getreideprodukte, Gemüse, Obst und kalorienfreie/-arme Getränke, mäßig tierische Lebensmittel, sparsam mit Fett und Zucker – so lassen sich die Empfehlungen des Forschungsinstituts für Kinderernährung für die „optimierte Mischkost" zusammenfassen. Das Ernährungskonzept erfüllt sowohl wissenschaftliche als auch praktische Kriterien. Das bedeutet: Diese Ernährung versorgt das Kind mit ausreichend Nährstoffen, schützt es vor ernährungsbedingten Erkrankungen, wie etwa Übergewicht, hält gesund und leistungsfähig. Das Konzept ist ausgesprochen praktikabel, da ganz normale Lebensmittel verwendet und Essensvorlieben und -abneigungen berücksichtigt werden. Es gibt den Rahmen vor, an die individuellen Bedürfnisse müssen Sie es erst anpassen. Es beinhaltet Empfehlungen für Lebensmittelverzehrsmengen für die verschiedenen Altersstufen von Kindern, von 1 bis 18 Jahren – und ist ideal für die Ernährung der ganzen Familie. Denn ein Speiseplan, der reich an pflanzlichen Lebensmitteln ist und in dem Fettes und Süßigkeiten nur sparsam Platz finden, tut auch Erwachsenen gut. Die Verhältnisse der Lebensmittel zueinander bleiben somit gleich, die Kleinen essen lediglich von allem entsprechend weniger als die Großen.

Die folgenden Mengenangaben dienen zur Orientierung. So viel sollte es im Durchschnitt täglich aus jeder Lebensmittelgruppe sein. Doch der Hunger ist nicht jeden Tag gleich, mal essen wir mehr, mal weniger. Deshalb müssen diese Mengen nicht täglich eingehalten werden.

Die Empfehlungen sind aber hilfreich, um die eigene Ernährung zu beurteilen und ggf. zu korrigieren. Und sie geben Anhaltspunkte für die Lebensmittelmengen in einer Mahlzeit. Die Angaben gelten für 7- bis 9-Jährige, die in Klammern für 4- bis 6-Jährige. Je älter die Kinder, desto größer werden die Mengen.

Getränke

Ein knapper Liter soll es sein (4 bis 6 Jahre: 800 ml). Vor allem mit Wasser, Früchte- und Kräutertees sowie Obstsaftschorlen den Durst löschen. Reinen Saft, gezuckerte Limonaden und koffeinhaltige Erfrischungsgetränke selten trinken.

Brot, Getreideflocken

200 g, also 4 bis 5 Scheiben Brot sind pro Tag empfehlenswert (4 bis 6 Jahre: 170 g). Wer gerne Flocken isst, tauscht 1 Scheibe Brot gegen 1 Portion Getreideflocken (50 g) aus. Vollkorn bevorzugen.

Kartoffeln, Nudeln, Reis oder anderes Getreide

Etwa 150 g Kartoffeln (4 bis 6 Jahre: 130 g) oder die gleiche Menge an gekochten Nudeln, Reis (Rohgewicht ca. 50 g) oder einem anderen Getreide, wie z.B. Hirse, sind Bestandteil der Hauptmahlzeit. Kartoffeln lieber kochen statt frittieren oder braten.

Gemüse und Obst

Mindestens je 220 g Gemüse und Obst sollten es pro Tag sein (4 bis 6 Jahre: je 200 g). Die Menge wird auf die verschiedenen Mahlzeiten verteilt. Bei Gemüse Gegartes und Rohes kombinieren. Obst kommt meist frisch auf den Tisch.

Milch, Joghurt, Käse und andere Milchprodukte

Etwa 400 ml/g (4 bis 6 Jahre: 350 ml/g) Milch, Joghurt, Buttermilch etc. stehen auf dem täglichen Speiseplan. Wer lieber Käse isst, tauscht 100 ml Milch gegen 15 g Schnittkäse, wie Gouda, oder 30 g Weichkäse, wie Camembert, aus. Fast immer fettarme Produkte verwenden. Das bedeutet: Milch, Joghurt, Dickmilch etc. mit 1,5 % Fett wählen und bei Käse jenen mit 30 % Fett in der Trockenmasse (Fett i.Tr.) bevorzugen.

Eier

2 Eier in der Woche sieht das Ernährungskonzept vor. Dabei werden auch Eier in Aufläufen oder Kuchen mitgezählt.

Fisch

Ein Fischgericht pro Woche mit 150 g werden empfohlen (4 bis 6 Jahre: 100 g). Da fettreiche Meeresfische (Makrele, Lachs oder Hering) wertvolle Fettsäuren enthalten, wechseln sie sich mit fettarmen Fischen (Kabeljau, Scholle oder Seelachs) auf dem Speiseplan ab.

Fleisch und Wurst

350 g Fleisch und Wurst pro Woche können es sein (4 bis 6 Jahre: 280 g). Kleine Fleisch- und Wurstesser müssen sich hier umstellen, denn die Menge reicht nicht täglich für eine große Portion. Auf magere Fleisch- und Wurstsorten achten und z.B. lieber Schinken und Bratenaufschnitt statt Leberwurst und Salami wählen.

Öl, Margarine, Butter

30 g pro Tag reichen zum Bestreichen von Brot, für den Salat und zur Zubereitung der Speisen aus (4 bis 6 Jahre: 25 g).

Süßes und fettreiche Snacks

Da sie zur Nährstoffversorgung nicht notwendig sind, gibt es hierfür auch keine Empfehlung, wie viel man davon verzehren sollte. Klein sollen die verzehrten Mengen auf jeden Fall sein, denn die Lebensmittel aus dieser Gruppe liefern reichlich Energie. Steigt die Menge und wird der Hunger mit Süßem und fettreichen Snacks gestillt, verdrängen sie andere Lebensmittel und damit wichtige Nährstoffe vom Speiseplan. Eine kleine Portion am Tag gibt die Richtung vor. Das sind z.B. 5 Stückchen Schokolade, 1 kleine Portion Fruchtgummi, 1 kleines Stück Kuchen, 1 Kugel Eiskrem oder 3 gestrichene Teelöffel Nuss-Nougat-Creme.

Der Ernährungscheck

Über die empfohlenen Mengen haben Sie gelesen. Doch wie sieht die Ernährung Ihres Kindes aus? Welche Lebensmittelgruppen sind unproblematisch, wo ist Kurskorrektur notwendig? Machen Sie den Ernährungscheck für 1 Tag. Kreuzen Sie ein Kästchen an, wenn Ihr Kind eine Portion aus der betreffenden Lebensmittelgruppe isst. Das Ergebnis zeigt Ihnen, ob die Verhältnisse stimmen.

Gruppe 1: Brot, Getreideflocken, Nudeln, Reis, Kartoffeln und andere Getreidesorten (1 Kästchen = 1 Scheibe Brot, 1 Brötchen, 2 mittelgroße Kartoffeln, 1 Portion Reis oder Nudeln, 1 Schälchen Müsli/Frühstücksflocken)

■ ■ ■ ■ ■ ■ ■ ■ ■ ■

Gruppe 2: Gemüse, Salat, Obst (1 Kästchen = 1 Hand voll geschnittenes Gemüse/Salat, 1 Teller Gemüsesuppe, 1 Portion Gemüseauflauf, 1 Stück Obst, 1 Hand voll Beeren)

■ ■ ■ ■ ■ ■ ■ ■ ■ ■

Gruppe 3: Milch, Joghurt, Käse (1 Kästchen = 1 Glas Milch (200 ml), 1 Becher Joghurt, 1 Scheibe Schnittkäse)

■ ■ ■ ■ ■ ■ ■ ■ ■ ■

Gruppe 4: Fleisch, Fisch, Ei (1 Kästchen = z.B. $^{1}/_{2}$ Schnitzel, 1 kleine Hähnchenkeule, 1 Scheibe Schinken, 1 Scheibe Wurst, 1 Ei, 1 kleine Portion Gulasch, 1 Portion Fisch)

■ ■ ■ ■ ■ ■ ■ ■ ■ ■

Gruppe 5: Süßes und Snacks (1 Kästchen = 1 kleines Stück Kuchen, 1 Riegel, 1 Hand voll Gummibärchen, 1 kleines Glas Limonade)

■ ■ ■ ■ ■ ■ ■ ■ ■ ■

> **Auswertung:**
> Zählen Sie und vergleichen Sie. Optimal sind:
> Gruppe 1: 5 Kästchen
> Gruppe 2: 5 Kästchen oder mehr
> Gruppe 3: 2 bis 3 Kästchen
> Gruppe 4: 0 bis 1 Kästchen
> Gruppe 5: 0 bis 1 Kästchen

Wenn Ihre Kästchen-Anzahl davon abweicht, überlegen Sie mit Ihrem Kind gemeinsam, wie Sie Änderungen in Angriff nehmen können. Kleinere Fleischportionen beim Mittagessen, mal Käse statt Wurst aufs Brot, etwas Frischkost zum Brot, um die Gemüsemenge zu erhöhen, Obst statt Schokomousse zum Nachtisch – es gibt viele Möglichkeiten. Ändern Sie aber nicht alles radikal, sondern nach und nach. Jeder kleine Schritt zählt.

Fett: kleine Menge, große Vorteile

Fett ist ein energiereicher Nährstoff. Bereits 1 g liefert 9 kcal, mehr als doppelt so viele wie die Nährstoffe Kohlenhydrate und Eiweiß mit je 4 kcal/g. Wer die Fettzufuhr verringert, senkt die Kalorienzufuhr besonders effektiv. Kleine Mengen Fett sind jedoch lebensnotwendig. So brauchen wir z.B. essentielle Fettsäuren aus pflanzlichen Ölen.

Fett soll 30 % der Nahrungsenergie liefern, gegessen wird aber mehr. Diese Menge teilen sich die sichtbaren Fette wie Butter, Margarine und Öle und jene Fette, die in Lebensmitteln und Zubereitungen versteckt sind. Deshalb Butter oder Margarine dünn aufs Brot streichen, mit wenig Fett kochen und „fettarm" auswählen – das lässt die Pfunde schmelzen.

Fettarm kochen

30 g Butter, Margarine oder Öl sieht die optimierte Mischkost für 7- bis 9-jährige Kinder vor. Das sind z.B. 1 1/2 bis 2 gestrichene Esslöffel Fett zum Bestreichen der Brote und 1 bis 1 1/2 Esslöffel Öl für die Zubereitung von Salaten und Gerichten. Das bedeutet, auch beim Kochen mit Fett sparsam umzugehen und das richtige Fett zu benutzen. Unerlässlich für fettarme Zubereitungen sind **beschichtete Töpfe und Pfannen** aus Alu, Aluguss oder Edelstahl. In ihnen kann man praktisch ohne Fett garen. Die Beschichtung macht's möglich. Sie ist bis etwa 250 °C hitzestabil. Falls Sie noch kein beschichtetes Kochgeschirr besitzen, kaufen Sie am besten eine große Pfanne mit hohem Rand. Denn häufig werden ganze Gerichte in der Pfanne zubereitet. Wichtig: Nur wenig Fett in die Pfanne geben oder sie dünn mit Fett auspinseln und die Pfanne zusammen mit dem Fett erhitzen. Dann das Gemüse, das Fleisch oder den Fisch darin anbraten. Leider ist die Beschichtung meist kratzempfindlich. Deshalb keine Bratenwender aus Metall verwenden. Für Braten bei hohen Temperaturen ist die beschichtete Pfanne nicht geeignet. Wer gerne Kurzgebratenes isst, sollte Steak und Co. **grillen**. Im Sommer liefert der Holzkohlengrill, im Winter der Elektrogrill die notwendige Hitze. Beim **Dämpfen** kann man gänzlich auf die Fettzugabe verzichten. Gemüse oder Fisch schmecken im Wasserdampf gegart besonders gut. Sie behalten ihren Eigengeschmack und brauchen kaum mehr als eine Prise Salz und einen Tropfen Raps- oder Olivenöl zur Verfeinerung. Wer kein Dämpfgerät hat, kann Gemüse oder Fisch in ein Sieb über Wasserdampf hängen. Auch zum **Dünsten** braucht man kein Fett. Gemüse tropfnass oder mit ganz wenig Wasser in einen Topf geben, diesen schließen und das Gemüse garen. Gerichte aus dem **Wok** kommen mit sehr wenig Öl aus. Oft wird der Wok nur mit Fett ausgeschwenkt, bevor Gemüse, Fleisch und Fisch darin unter Rühren gebraten werden. Wichtig ist, dass das Gargut ständig in Bewegung ist, sonst brennt es an.
Werden größere Fleischstücke, aber auch Fisch zusammen mit viel Gemüse zubereitet, sind **Römertopf** oder **Bratfolie** zu empfehlen. In ihnen kann man ohne zusätzliche Fettzugabe garen.

Fettarm bevorzugen

Der größte Teil der Fettmenge, den Klein und Groß zu sich nehmen, versteckt sich in anderen Lebensmitteln. Tierische Lebensmittel, wie Fleisch, Wurst, Käse oder Milch enthalten Fett in unterschiedlicher Menge. Wer zu den fettarmen Varianten greift, kann erheblich Fett einsparen.

Fettreiches in kleinen Mengen bewusst genießen

Fettreich sind auch Kuchen, Gebäck und so manche Süßigkeit. Die Kombination mit Zucker ist verführerisch. Deshalb fällt es oft sehr schwer, darauf zu verzichten. Weil Vorsätze wie „ab jetzt nie mehr..." nur dazu führen, dass sie schnell gebrochen werden und Kinder lernen sollen, mit den genussreichen Verführern in Maßen umzugehen, ist totaler Verzicht nicht empfehlenswert. Vielmehr kleine Mengen in den Wochenspeiseplan integrieren und bei Gebäck nach fettarmen Alternativen Ausschau halten.

> **Kohlenhydrate im Blickpunkt**
>
> Kohlenhydrate liefern in einer ausgewogenen Ernährung mehr als 50 % der Energie. Doch diese Nährstoffe sind in jüngster Zeit in die Diskussion geraten. Kohlenhydrate werden anhand des glykämischen Index beurteilt. Er ist ein Maß für die Höhe des Blutzuckerspiegels nach Verzehr eines Lebensmittels. Einen niedrigen glykämischen Index haben beispielsweise Roggenvollkornbrot und die meisten Obst- und Gemüsesorten. Hoch ist der Index z.B. bei Croissants oder Weißbrot, Kartoffelchips und Wassermelonen. Die Werte werden aber durch die Art der Zubereitung sowie die Zusammenstellung der Mahlzeit beeinflusst. Sie gelten derzeit als unzuverlässig. Nach wie vor ist daher eine ausgewogene Ernährung mit reichlich Kohlenhydraten und wenig Fett, die nicht mehr Energie liefert als der Mensch verbraucht, am günstigsten. Vollkornprodukte, Obst und Gemüse haben darin einen besonderen Stellenwert. Sie liefern neben Vitaminen und Mineralstoffen auch viele Ballaststoffe, die den Magen füllen, gut sättigen und den Blutzuckerspiegel nicht

Die Familie isst mit

Salatteller und Vollkornbrot für das übergewichtige Kind, Pommes mit Bratwurst für den Rest der Familie – so sollte die Ernährungsänderung nicht aussehen. Ausgrenzung ist selten motivierend! Machen Sie sich klar, dass die neue Ernährungsweise keine vorübergehende Diät ist, sondern Ihr Kind ein Leben lang begleiten soll. Unterstützen Sie Ihren Sprössling. Er wird die Ernährungsumstellung leichter akzeptieren, wenn sie auch für alle anderen Familienmitglieder gilt. Die Entscheidung zugunsten der neuen Ernährungsweise sollte nicht schwer fallen, denn es können Vorlieben und Abneigungen im Speiseplan berücksichtigt werden.

Gemeinsam schmeckt es am besten. Setzen Sie sich deshalb zumindest einmal am Tag mit der Familie gemeinsam an den Tisch. Die Mahlzeiten im Familienkreis sind Dreh- und Angelpunkte der Ernährungserziehung. Hier „trainiert" Ihr Kind, was es essen und wie es essen soll, lernt, dass Essen soziales Miteinander ist und nimmt dabei Hunger und Sättigung besser wahr.

Besser selbst gekocht

Fertiggerichte aus der Tiefkühltruhe oder aus der Dose, Fast-Food-Mahlzeiten, Würstchen und Pommes von der Bude, Mittagsgerichte von Metzgers warmer Theke oder vom Thai-Imbiss – Kochen zu Hause ist nicht mehr notwendig, total out und im Alltag viel zu zeitaufwändig! Zudem kann jedes Familienmitglied ein Fertiggericht nach eigenem Gusto wählen. Doch leider bieten Fertiggerichte selten Lebensmittel und Nährstoffe im richtigen Verhältnis. Meist fehlt es an der adäquaten Menge Gemüse, oft enthalten sie reichlich Fett. Wer selber kocht, hat dagegen die Zutaten in der Hand, kann Gemüse reichlich, Fett dagegen sparsam verwenden.

Natürlich braucht Kochen mehr Zeit als das Aufwärmen eines Fertiggerichts. Doch mehr als eine halbe Stunde sind für eine einfache, vollwertige Mahlzeit nicht notwendig. Vielen erscheint das Gemüseputzen und Kleinschneiden am zeitaufwändigsten. Wer nicht geübt ist und das Schnippeln scheut, kann auf Tiefkühlgemüse „pur" oder bereits geschnittenes Gemüse aus dem Kühlregal zurückgreifen.

Das Selbstkochen hat einen weiteren Vorteil: Es lockt Kinder in die Küche. Die meisten Knirpse sind neugierig, was in Pfanne und Topf köchelt und brutzelt, und machen gerne mit. Kochen ist Ernährungslernen mit allen Sinnen, es bringt Kindern Lebensmittel auf ganz praktische Weise nahe, lässt sie die Vielfalt des Geschmacks entdecken: Roh ist es anders als gekocht, gebraten anders als gedämpft. Und: Nur wer Bescheid weiß, kann kompetent auswählen.

Gemüse und Früchte der Saison

Leider zählen frisches Gemüse und Obst nicht immer zu den günstigsten Lebensmitteln im Supermarkt und die größeren Mengen, die gewünscht sind, können den Familiengeldbeutel belasten. Da gleichzeitig aber weniger Fleisch und Wurst gegessen wird, kann der finanzielle Mehraufwand oft wieder wett gemacht werden. Doch auch durch die gezielte Wahl von Gemüse und Obst der Saison kann man die Ausgaben senken. Ein weiteres Plus: Gemüse, das vollreif geerntet wird und keine langen Transportwege und -zeiten hinter sich hat, schmeckt häufig auch besser.

Frühling und Frühsommer

Eines der ersten Gemüse aus dem heimischen Anbau und das bekannteste Saison-Gemüse schlechthin ist der Spargel. Bei uns kommen zumeist weiße Stangen auf den Markt. Außerdem sind Blattspinat und Blattsalate aus dem Freiland im Angebot und die ersten zarten Rübchen werden aus der Erde gezogen. Mit dem Rhabarber wird das Obstjahr eingeläutet. Bei Kindern ist er wegen seiner Säure allerdings nicht immer beliebt. Ganz im Gegensatz zu den Erdbeeren, die ersten frischen Beerenvertreter im Jahr.

Sommer

Jetzt können Sie aus dem Vollen schöpfen. Bohnen, Erbsen, Kohlrabi, Blumenkohl, Brokkoli, Tomaten, Auberginen, Zucchini und noch viele Sorten mehr haben Saison. Einfach zugreifen und mal Neues ausprobieren.
Das gilt auch für Salate. Mixen Sie Kopf- und Bataviasalat, Lollo rosso, Lollo bionda, Radieschen, Rettich, frische Kräuter, Rucola mit Tomaten.
Was das Obst betrifft, so ist der Sommer fast zu kurz, um all die herrlichen Sorten richtig zu genießen. Himbeeren, Brombeeren, Johannisbeeren, Heidelbeeren, Stachelbeeren drängen auf den Markt. Hinzu kommen Mirabellen, Aprikosen, Pfirsiche, Nektarinen und Melonen. Die richtige Zeit für bunte Obstsalate.

Herbst

Manche Sommersorte zieht sich bis in den Herbst hinein und manche Herbstsorte ist schon im Sommer im Angebot. Doch der Herbst gehört vor allem dem Wurzel- und Kohlgemüse, den Kürbissen, dem Lauch und auch Spinat gibt's noch einmal. Möhren, Pastinaken, Steckrüben, Wurzelpetersilie, Herbstrüben, Schwarzwurzeln, rote Rüben, Wirsing, Rotkohl oder Weißkohl überzeugen solo oder auch als bunte Mischung. Beim Obst dominieren Zwetschgen, Pflaumen, Trauben, Birnen und Äpfel.

Winter

Die Ernte ist eingebracht. Neben den klassischen Wintervertretern Rosenkohl und Grünkohl bestimmen andere Kohlsorten und Wurzelgemüse das Gemüseangebot.

Hinweise zu den Rezepten

Auf den folgenden Seiten finden Sie Rezepte für den Alltag, die wenig Zeit bei der Zubereitung in Anspruch nehmen. Meist wird auf frisches Gemüse zurückgegriffen, doch manchmal ist Tiefkühlware praktischer. Man kann jedoch leicht die frischen gegen die tiefgekühlten Gemüsesorten austauschen. Und wenn es einmal besonders fix gehen muss, sind Fertigprodukte nützliche Helfer. Einige Rezepte zeigen, wie sie leicht aufgepeppt werden können.

Auch bei Kindergeburtstagen und Familienfesten kann man fettarme Gerichte mit viel Gemüse anbieten. In Form von kleinen, attraktiven Häppchen sind sie bei Klein und Groß beliebt.

Menge

Die meisten Rezepte sind für Familien mit 2 Erwachsenen und 2 Kindern (Grundschulalter) angegeben (= 1 Familienportion). Isst ein Erwachsener mit dem Kind allein, kann man die in den Rezepten angegebene Zutatenmenge einfach halbieren. Isst ein Erwachsener mit zwei Kindern, etwa 2/3 bis 3/4 (je nach Alter der Kinder) der Zutaten nehmen. Einige Rezepte gelten für eine Kinderportion. Es sind Müslivorschläge, Pausenbrote oder solche, die sich fürs Buffet eignen. Hier können die Zutatenangaben einfach mit der entsprechenden Anzahl der Kinder multipliziert werden.

Kinderleichtes selbst gekocht

Die meisten Kinder kochen gerne. Deshalb enthält dieses Buch einige „kinderleichte" Rezepte. Sie können in der Regel von Grundschülern ohne Hilfe von Erwachsenen zubereitet werden. Doch die motorischen Fertigkeiten sind sehr unterschiedlich. Während der eine mit Leichtigkeit einen Apfel schält, tut sich ein anderer mit dem Schäler oder Messer extrem schwer. Für manchen Sprössling ist die Arbeitsfläche zu hoch. Manche quirlige Naturen verlieren in der Küche leicht den Überblick, andere sind sehr sorgfältig und vorsichtig. Aus diesem Grund gilt immer: Lassen Sie Ihre Kinder in der Küche nicht allein. Halten Sie sich für Notfälle in der Nähe auf und unterstützen Sie sie wenn notwendig. Zusammen kochen macht sowieso mehr Spaß.

Viel Gemüse

Gemüse mischt sich in den Rezepten unter Fleisch und Fisch, unter Nudeln und Reis, wird auf Pizza gelegt oder in die Suppe gegeben. Wurde bis jetzt wenig Gemüse gegessen, können die Mengen anfangs groß erscheinen. Wenn sich die Familie damit schwer tut, die gewohnten Mengen langsam erhöhen.

Vorlieben und Abneigungen entgegen kommen

Mancher Sprössling tut sich mit Gemüse schwer. Doch ein paar Sorten finden sich immer, die das Kind isst. Nehmen Sie deshalb die angegebenen Gemüsesorten in den Rezepten lediglich als Vorschlag und tauschen Sie sie nach den Bedürfnissen Ihrer Familie aus, z.B. Erbsen statt Bohnen, Möhren statt rote Rüben, Blumenkohl statt Brokkoli. Doch probieren Sie hin und wieder eine neue Sorte aus. Geschmack ändert sich. Austausch ist auch bei den Fleisch- oder Fischsorten möglich, beachten Sie aber veränderte Garzeiten.

Müsli, Brote und Gemüseknabbereien

Damit der Tag gut anfangen kann, finden Sie in diesem Kapitel allerlei Vorschläge fürs Frühstück – ganz egal ob die Familienmitglieder am liebsten Müsli und Flakes löffeln oder ein Brot bevorzugen. Die optimale Frühstücks-Kombi besteht aus: 1. Brot oder Getreideflocken, 2. Milch, Joghurt oder Käse, 3. frisches Obst oder Gemüse zum Knabbern. Leider fehlt die Frischekomponente häufig, denn morgens ist die Zeit in den meisten Familien knapp, Putzen, Schälen und Kleinschneiden von Obst und Gemüse sind zu aufwändig. Daher am besten die Vorbereitungen auf den Abend verlegen und das klein geschnittene Obst oder Gemüse in luftdicht schließenden Dosen in den Kühlschrank stellen. Eventuell mit ein wenig Zitronensaft bepinseln, damit es nicht braun wird. Oder: Auf tiefgekühltes Obst „natur" zurückgreifen. Es taut entweder über Nacht oder am Morgen in der Mikrowelle auf.

1 + 2 + 3 – So wie beim Frühstück wird auch bei der kalten Hauptmahlzeit kombiniert. Doch immer nur Wurst- oder Käsebrot ist oft zu langweilig. Deshalb gibt's auf den nächsten Seiten Gefülltes, Zart-Schmelzendes, Gewickeltes und Aufgespießtes oder Knuspriges aus Gemüse. Alles geht schnell und supereinfach und vieles davon macht sich auch auf Festen gut.

Zur Pause ist das Sandwich oder das belegte Brot unschlagbar. Auch hier ist das Aufpeppen mit Farbe und Frische angesagt: Wie's geht, zeigen ein paar Vorschläge in diesem Kapitel.

Früchtemüsli

kinderleicht

Zutaten für 1 Kinderportion
- 2 EL Früchtemüsli (20 g)
- 3 gehäufte EL gemischte Getreideflocken (30 g)
- 150 g Joghurt (1,5 % Fett)
- 1 kleiner Apfel
- ½ Banane
- 3 EL Cornflakes (15 g)

ca. 10 Minuten

1. Die Müslimischung und die Getreideflocken in eine Frühstücksschale geben. Den Joghurt darunter rühren.

2. Den Apfel waschen, mitsamt der Schale zur Flockenmischung reiben. Die Banane schälen, in Scheiben schneiden und dazugeben. Die Cornflakes darüber streuen und das Müsli sofort servieren.

Nährwerte: ca. 380 kcal / 1580 kJ / 5 g F / 76 g KH / 11 g E

Variation: Beerenmüsli

Anstelle des Apfels 100 g Himbeeren oder Erdbeeren (frisch oder TK-Beeren) nehmen. Nach Belieben zusammen mit dem Joghurt pürieren und mit etwas fettarmer Milch verflüssigen.

Cremiger Müslidrink

Zutaten für 1 Drink
- ½ Banane
- 100 g Joghurt (1,5 % Fett)
- 125 ml Orangensaft (am besten frisch gepresst)
- 2 EL Schmelzflocken (10 g)

ca. 5 Minuten

Alle Zutaten in einen Rührbecher geben und mit dem Pürierstab cremig mixen. Ab ins Glas und sofort trinken.

Nährwerte: ca. 200 kcal / 860 kJ / 3 g F / 36 g KH / 7 g E

Variation

Der Drink lässt sich mit vielen Obstsorten zubereiten. Allerdings sollten sie kein hartes Obst verwenden und immer ein wenig Banane dazugeben. Sie sorgt für Cremigkeit.
Frische Kiwis, Ananas, Papayas oder auch Heidelbeeren sind aber ungeeignet. Sie enthalten einen Stoff, der den Joghurt bitter werden lässt.
Ganz fix: Fruchtjoghurt (1,5 % Fett) mit fettarmer Milch und Schmelzflocken mixen.

Morgens einen kleinen Schluck

Manche Kinder bringen morgens nichts hinunter. Doch in Schule und Kindergarten müssen sie ab der ersten Minute fit sein. Nährstoffe sind gefragt, vor allem Kohlenhydrate, die Gehirn und Muskeln Energie liefern. Deshalb sollten Kinder nicht vollständig auf das Frühstück verzichten – auch übergewichtige Kinder nicht. Ermuntern Sie Ihren Sprössling, zumindest mit einer Kleinigkeit wie einem Müslidrink zu starten. Zum zweiten Frühstück darf es dann etwas mehr sein.

Müsli, Brote und Gemüseknabbereien

Knuspermüsli

kinderleicht

Zutaten für 1 Kinderportion
- *1 TL Mandelblättchen (3 g)*
- *1 Mandarine*
- *60 g (Vollkorn)Cornflakes*
- *150 ml Milch (1,5 % Fett)*

ca. 10 Minuten

1. Die Mandeln in einer trockenen Pfanne rösten, bis sie zu duften beginnen. Aus der Pfanne nehmen.

2. Die Mandarine schälen, in Stücke schneiden und in eine Frühstücksschale geben. Die Cornflakes darauf geben und die Milch dazugießen. Mit den Mandelblättchen bestreuen.

Nährwerte: ca. 330 kcal / 1410 kJ / 5 g F / 61 g KH / 10 g E

Flakes und Co.

Flakes sind fettarm, zumindest jene Mischungen, die keine Nüsse, Schoko-, Knusperzusätze oder -umhüllungen enthalten. Doch bringen sie häufig eine ganze Menge Zucker mit. Solche sind dann eher als Süßigkeit einzustufen, so das Forschungsinstitut für Kinderernährung. Bei der Auswahl gilt: Einfache Flakes bevorzugen und die Vollkornvarianten ausprobieren. Alle anderen immer mit Cornflakes oder Getreideflocken pur und viel frischem Obst mischen. Wenn Ihr Sprössling auf die geliebten Knusper- oder Schokoprodukte ganz und gar nicht verzichten will oder der Umstieg schwer fällt, mischen Sie sie am besten mit Getreideflocken pur oder einfachen (Vollkorn)Cornflakes im Verhältnis 1 : 1.

Frischkäse-Apfel-Brötchen

kinderleicht

Zutaten für 1 Kinderportion
- 1 Vollkornbrötchen
- 2 EL körniger Frischkäse (0,5 % Fett)
- 2 EL Apfelmus (Fertigprodukt) etwas Zimt

ca. 5 Minuten

Das Brötchen aufschneiden. Den Frischkäse auf die Hälften verteilen. Auf jede Hälfte je 1 Esslöffel Apfelmus geben und mit etwas Zimt bestreuen.

Nährwerte: ca. 230 kcal / 950 kJ / 4 g F / 35 g KH / 12 g E

Variation

Eiweißreicher, aber fettarmer Frischkäse ist eine gute Alternative zu Butter oder Margarine. Anstelle von Apfelmus können auch Bananenscheiben, Birnenschnitze oder im Sommer frische Beeren auf den Frischkäse gelegt werden.

Körnig-kernige Brötchen

Brötchen mit weicher Krume sind bei Kindern beliebt. Geben Sie der Vollkornvariante so oft wie möglich den Vorzug: Sie sättigt besser, liefert Ballaststoffe und viele andere lebensnotwendige Nährstoffe. Achtung: Körnerbrötchen müssen nicht unbedingt Vollkornbrötchen sein. Hinter dem Begriff „Körner" verstecken sich oft fettreiche Samen und Nüsse. Auch die dunkle Farbe ist nicht unbedingt ein Hinweis. Deshalb immer ausdrücklich nach Vollkorn fragen. Doch manchen Kindern fällt der Übergang vom hellen Brot zu Vollkorn ausgesprochen schwer. Tasten Sie sich dann mit Vollkorntoast heran. Auf Dauer sollte es jedoch nicht die einzige Brotsorte sein.

Käseschnitte mit Knabbergemüse

kinderleicht

Zutaten für 1 Kinderportion
- 1 Vollkornbrötchen
- 30 g Frischkäse light (17 % Fett)
- 50 g Möhren
- Jodsalz, Pfeffer
- etwas Kresse

 ca. 5 Minuten

1. Das Brötchen aufschneiden. Den Frischkäse auf die Brötchenhälften streichen.

2. Die Möhre schälen und längs mit dem Sparschäler dünne Möhrenstreifen abziehen. Die Möhrenstreifen auf den Frischkäse legen. Mit Salz und Pfeffer würzen.

3. Die Kresse abschneiden, abspülen, trockentupfen und auf die Möhrenstreifen legen. Die Brötchenhälften zusammenklappen und in eine Brotbox legen. Dazu Apfelschnitze, Möhrenstücke, Gurkentaler oder kleine Tomaten knabbern.

Nährwerte: ca. 200 kcal / 820 kJ / 5 g F / 29 g KH / 9 g E

Variationen

Die Möhre klein hacken und unter den Frischkäse mischen. Mit ein paar Tropfen Zitronensaft, Salz und Pfeffer abschmecken.
Anstelle der Möhrenstreifen kann man auch Gurkenstreifen auf Vollkornbrot legen. Dazu aber nur das Fruchtfleisch verwenden. Werden Gurkenscheiben mit den Kernen aufs Brot gelegt, macht das Brot schnell schlapp.

Aus Brot, Frischkäse und dünnen Möhren- und Apfelscheiben lassen sich auch kleine Würfel „bauen", die zum Reinbeißen einladen. Nehmen Sie dazu Pumpernickel und Mischbrot. Bestreichen Sie die Scheiben dünn mit Frischkäse, schneiden Sie sie in kleine Würfel und legen Sie sie mit dünnen Möhren- und Apfelscheiben dazwischen aufeinander. Die Äpfel vorher mit Zitronensaft bepinseln, sonst werden sie braun.

Frische & Farbe – Brot braucht Begleitung

Immer etwas frisches Knabbergemüse oder Obst zum Brot – so lautet die Empfehlung. Das sorgt für viele Vitamine, Mineralstoffe und andere Stoffe, die unserer Gesundheit gut tun und vor Erkrankungen wie Krebs schützen. Außerdem machen Gemüse und Obst satt, belasten das Kalorienkonto kaum und das Fettkonto praktisch gar nicht. Doch ein dicker Gemüsebelag macht Sandwichs für den Kindermund zu sperrig. Aus diesem Grund nur wenig Gemüse, dünn geschnitten, aufs Brötchen legen und den Rest dazuknabbern.

Schinkenmax

Zutaten für 1 Kinderportion

- 1 Vollkornbrötchen
- 1 TL Salatcreme mit fettarmem Joghurt (11 % Fett)
- 1 TL milder Senf
- 1 dünne Scheibe gekochter Schinken (20 g)
- 50 g rote Paprikaschote, geputzt
- 1 Scheibe Sandwichgurke (Glas)

ca. 5 Minuten

1. Das Brötchen halbieren. Eine Hälfte mit der Salatcreme, die andere mit dem Senf bestreichen.

2. Den Schinken in ganz kleine Würfel schneiden. Die Paprikaschote ebenfalls in kleine Würfel schneiden. Schinken und Paprikaschote mischen und auf das Brötchen streichen. Die Sandwichgurke darauf legen und die Brötchenhälften zusammenklappen.

Nährwerte: ca. 190 kcal / 780 kJ / 3 g F / 30 g KH / 10 g E

Dazu Kullergemüse – kleine Radieschen und Cocktailtomaten – in die Pausenbox packen.

Schinken, Wurst, Käse und anderer Brotbelag

Durch die sorgfältige Auswahl des Belags lässt sich pro Tag eine Menge Fett sparen. Während das Fett in Wurst fürs bloße Auge nicht ersichtlich ist, kann man Fettränder beim Schinken gut erkennen und einfach abschneiden. Im Vergleich: Gelbwurst enthält rund 27 % Fett, eine Salami 33 %, ein magerer roher Schinken ohne Fettrand lediglich 3 % Fett. Fettarm sind auch Putenbrustaufschnitt, Bratenaufschnitt, Roastbeef, Sülzen mit magerem Fleischanteil, Corned beef oder Gemüsesülzen. Bei Geflügelwurst nachfragen oder aufs Etikett schauen. Geflügelleberwurst oder Geflügelsalami ist immer noch recht fettreich.

Auch bei Käse den fettärmeren Sorten den Vorzug geben. Meist ist der Fettgehalt i.(n) d.(er) Tr.(ockenmasse) angegeben. Manchmal jedoch auch der Fettgehalt absolut. So können Sie die Werte bei Schnittkäse, wie Gouda, umrechnen: Fett i.Tr. x 0,6. Also bei 30 % Fett i.Tr. bedeutet das 18 % Fett absolut. Wenn Sie sich für eine fettreichere Sorte entscheiden, eine dünne Scheiben aufs Brot legen.

Vegetarische Pasten sorgen für Abwechslung. Sie enthalten pflanzliche Fette, Nüsse oder Samen. Schauen Sie aufs Etikett, denn der Fettgehalt ist sehr unterschiedlich. Immer gilt: Dünn aufs Brot streichen und mit Gemüse ergänzen.

Tacos mit Sommersalsa

für Kinderfeste

Zutaten für 8 Stück

- ½ Salatgurke
- 6 Cocktailtomaten
- 1 Kugel Mozzarella light (125 g)
- 3 dünne Scheiben gegarte Putenbrust (30 g)
- ½ kleine reife Avocado (60 g Fruchtfleisch)
- einige Zweige Petersilie
- etwas Zitronensaft
- Jodsalz, Pfeffer
- 8 Tacoschalen oder 4 Pitabrote (vorzugsweise aus Vollkorn)

ca. 20 Minuten

1. Die Salatgurke waschen, schälen, längs halbieren und die Kerne mit einem Teelöffel entfernen. Dann das Gurkenfruchtfleisch in ganz kleine Würfel schneiden.

2. Die Tomaten waschen, trockenreiben, halbieren und die Kerne herausdrücken. Das Tomatenfruchtfleisch klein schneiden und zur Gurke geben.

3. Den Mozzarella abtropfen lassen. Die Putenbrust und den Mozzarella in winzige Stücke schneiden. Die Avocado schälen, den Kern herausnehmen und das Fruchtfleisch ganz klein schneiden. Putenbrust, Mozzarella und Avocado in die Schüssel zu Gurke und Tomate geben.

4. Die Petersilie waschen, gut trockentupfen und die Blätter ganz fein hacken. Zu den restlichen Zutaten geben und gut mischen. Mit Zitronensaft, Salz und Pfeffer würzen. Die Mischung in Tacoschalen füllen. (Oder Pitabrote aufschneiden und die Mischung hineinfüllen.)

Nährwerte: pro Stück ca. 100 kcal / 410 kJ / 5 g F / 8 g KH / 5 g E

Wraps mit Thunfischfüllung

für Kinderfeste

Zutaten für 12 Stück

- 2 Dosen Thunfisch ohne Öl (à 80 g/56 g Einwaage)
- 60 g Salatcreme mit fettarmem Joghurt (11 % Fett)
- 2 TL grobkörniger Senf
- 100 g Tomaten
- 8 Blätter Eisbergsalat
- 6 weiche Tortillas

ca. 15 Minuten

1. Den Thunfisch gut abtropfen lassen. Die Salatcreme mit dem Senf in einer kleinen Schüssel verrühren.

2. Die Tomaten waschen, trockenreiben und halbieren. Die Kerne aus den Hälften herausdrücken. Dann das Fruchtfleisch in sehr kleine Würfel schneiden. Den Thunfisch mit der Gabel in kleine Stücke zupfen. Die Tomaten und den Thunfisch unter die Salatcreme-Mischung rühren. Die Salatblätter waschen, trockentupfen und in feine Streifen schneiden.

3. Die Thunfischcreme auf die Tortillas streichen. Die Salatstreifen darauf verteilen. Die Tortillas fest aufrollen und quer halbieren. Die Hälften so in Butterbrotpapier wickeln, dass an der Schnittfläche ein etwa 2 cm breiter Streifen herausschaut. So kann man die Wraps gut in die Hand nehmen und essen.

Nährwerte: pro Stück ca. 90 kcal / 375 kJ / 3 g F / 12 g KH / 5 g E

Dazu einen Rohkostteller mit Knabbergemüse reichen

Gurkentaler und Tomatenzwerge

für Kinderfeste

Zutaten für 15 Stück

- 100 g Frischkäse (0,2 % Fett)
- 1 EL Joghurt (1,5 % Fett)
- 1 Spritzer Zitronensaft
- 1 Knoblauchzehe
- 1 Hand voll Basilikumblätter
- Jodsalz
- schwarzer Pfeffer
- 1 Stück Salatgurke (ca. 100 g)
- 6 Cocktailtomaten
- 1 kleines Stück Tomatenpaprika

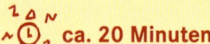 ca. 20 Minuten

1. Den Frischkäse und den Joghurt mit etwas Zitronensaft in einer kleinen Schüssel verrühren. Die Knoblauchzehe schälen und dazupressen.

2. Die Basilikumblätter waschen, trockentupfen und fein hacken. Anschließend zu der Frischkäsecreme geben. Die Creme mit Jodsalz und Pfeffer abschmecken und alles gut verrühren. Die Creme eventuell in eine Garnierspritze füllen und in den Kühlschrank stellen.

3. Die Salatgurke und die Tomaten waschen und trockentupfen. Die Salatgurke in etwa 1/2 cm dicke Scheiben schneiden. Von den Tomaten am runden Ende einen Deckel abschneiden und danach das Kerngehäuse herausschneiden.

4. Die Basilikumcreme auf die Gurkenscheiben und in die Tomaten geben oder spritzen. Die Tomatenpaprika in kleine Stücke schneiden und die Gurkentaler damit garnieren. Die Tomatendeckel auf die Tomaten setzen.

Nährwerte: pro Stück ca. 10 kcal / 50 kJ / 0 g F / 1 g KH / 1 g E

Melonenspieße mit Tomatenhut

kinderleicht

für Kinderfeste

Zutaten für 1 Kinderportion
- 1 Spalte Honigmelone (150 g)
- 1 Scheibe roher oder gekochter Schinken ohne Fettrand (20 g)
- 3 Cocktailtomaten
- 6 Basilikumblätter

ca. 10 Minuten

1. Das Melonenfruchtfleisch von der Schale schneiden und quer in 6 bis 7 Stücke teilen. Den Schinken längs in 3 Streifen schneiden und diese nochmals quer halbieren. Die Streifen locker aufrollen.

2. Die Tomaten waschen, trockentupfen und halbieren. Die Kerne etwas aus den Tomatenhälften drücken.

3. Mit einem Cocktailspieß zuerst ein Basilikumblatt, dann die Tomatenhälfte und die Schinkenrolle aufspießen. Die kleinen Spieße auf die Melonenstücke stecken

Nährwerte: ca. 72 kcal / 310 kJ / 1 g F / 10 g KH / 6 g E

Zucchinicrostini

Zutaten für 1 Kinderportion
- 50 g Zucchini
- 25 g Schmelzkäse light (30 % Fett i.Tr.)
- geriebene Muskatnuss
- Jodsalz, Pfeffer
- 1 Knoblauchzehe
- 2 Scheiben Vollkornbrot

ca. 10 Minuten

1. Den Grill im Backofen vorheizen. Die Zucchini waschen, trockentupfen und fein raspeln. Den Schmelzkäse mit einer Gabel darunter mischen.

2. Die Creme mit Muskatnuss, Salz und Pfeffer würzen. Die Knoblauchzehe schälen und dazupressen. Alles gut verrühren.

3. Die Zucchinicreme auf die Vollkornbrote streichen. Die Brote unter dem heißen Grill ganz kurz überbacken. Die Creme sollte schmelzen, aber nicht braun werden.

Nährwerte: ca. 250 kcal / 1060 kJ / 5 g F / 41 g KH / 11 g E

Überbackene Brote

Brote mit warmem, schmelzendem Belag sind bei Kindern beliebt. Meist wird jedoch helles Toastbrot mit fettreicher Wurst (wie Salami) und Käse belegt und kommt dann unter den Grill. Gemüse dagegen ist selten auf den Broten zu finden. Doch probieren Sie es aus. Nutzen Sie den Beliebtheitsfaktor von überbackenen Broten und legen Sie mildes Gemüse unter die Käsedecke, z.B. fein gehackten Gemüsemais, in Scheiben geschnittene Champignons, dünne Paprikastreifen, entkernte Tomatenscheiben. Stets fettarmen Käse nehmen!

Fast Food

Das Angebot von Fast-Food-Ketten, Currywurst- und Dönerbuden verführt. Es bietet schnellen, unkomplizierten Genuss, zur Hauptmahlzeit oder zwischendurch. Doch leider liefern viele Produkte auch reichlich Fett. Deshalb sollten Sie nicht allzu häufig auf dem Speiseplan stehen. Da kategorische Verbote aber nichts nutzen, sondern eher die Lust darauf verstärken, sollte man Hamburger, Döner und Co. ab und zu als Hauptmahlzeit genießen. Etwas Salat dazu und Obst hinterher sind eine prima Ergänzung. Als Zwischenmahlzeit gegen den kleinen Hunger ist Fast Food allerdings keinesfalls geeignet.

Döner-Sandwich

Zutaten für 2 Brötchen

- 100 g Schweineschnitzel
- 1 Zwiebel
- 1 TL Öl
- Gyrosgewürz
- 50 g Magerquark
- 2 TL saure Sahne
- 50 g Salatgurke
- Jodsalz, Pfeffer
- 3 Salatblätter
- 4 Cocktailtomaten
- 2 Stück Vollkornbaguette (à ca. 125 g)

 ca. 15 Minuten

1. Das Schnitzel in feine Streifen schneiden. Die Zwiebel schälen, halbieren und in dünne Scheiben schneiden. Das Öl in einer beschichteten Pfanne erhitzen. Das Fleisch darin unter häufigem Wenden knusprig anbraten. Die Zwiebel dazugeben und mit anbraten, aber nicht zu braun werden lassen. Dann mit Gyrosgewürz würzen.

2. Den Quark und die saure Sahne verrühren. Die Salatgurke waschen, schälen und fein raspeln. Unter die Quarkcreme rühren und mit Salz und Pfeffer würzen.

3. Die Salatblätter waschen, trockentupfen und in feine Streifen schneiden. Die Cocktailtomaten waschen, trockentupfen und halbieren. Die Kerne aus den Tomatenhälften herausdrücken.

4. Das Baguette aufschneiden, ein wenig von der Krume herausnehmen, so dass eine flache Kuhle entsteht. Die Baguettehälften mit der Gurkencreme bestreichen und mit Fleisch und Salat füllen. Die Tomaten obenauf legen und die Brötchen zusammenklappen.

Nährwerte: pro Brötchen ca. 420 kcal / 1770 kJ / 6 g F / 67 g KH / 25 g E

Variation
Wenn man mag, kann man noch etwas Knoblauch unter die Gurkencreme rühren.

Döner & Co. genießen

Hamburger, Pizza, Pommes, Döner & Co. stehen auf der Beliebtheitsskala von Kindern weit vorn. Gründe gibt es viele: Das Essen aus der Hand ist unkompliziert, die Atmosphäre locker und häufig gibt's für die Kleinen noch etwas zum Spielen. Während im Schulalter vor allem das Angebot von Fast-Food-Ketten überzeugt, lassen sich Jugendliche eher vom türkischen Döner oder von Pizza locken. Wer gezielt auswählt, kann auch hier Fett und Kalorien sparen: Hamburger statt Bic Mac, Pizza ohne Salami, Wasser satt Limo im Maxiformat, kleine Tüte Pommes statt großer. Doch insgesamt gilt: Selten Fast Food essen.

Zucchinichips

Zutaten für 1 Kinderportion

- *150 g kleine feste Zucchini*
- *1 TL Öl*
- *1 EL Thymianblättchen*
- *Jodsalz*

ca. 15 Minuten

1. Den Backofen auf 240 °C vorheizen. Ein Backblech mit Backpapier auslegen. Die Zucchini waschen, trockenreiben und quer in dünne Scheiben schneiden. Die Scheiben auf das Blech legen, mit Öl bepinseln, wenden und auf der zweiten Seite ebenfalls einpinseln. Dann mit Thymianblättchen bestreuen.

2. Die Zucchini etwa 10 Minuten im Ofen braten, dabei einmal wenden und anschließend salzen.

Nährwerte: ca. 70 kcal / 310 kJ / 6 g F / 3 g KH / 2 g E

Maiskolbenknabberei

Zutaten für 1 Kinderportion

- *1 frischer Maiskolben*
- *Jodsalz*
- *1 TL Butter*

ca. 25 Minuten

Zubereitung im Topf

1. Die Blätter des Maiskolbens und die Fäden entfernen. Reichlich Wasser zum Kochen bringen, gut salzen und den Kolben hineinlegen. Den Maiskolben 15 bis 20 Minuten kochen lassen, bis die Körner weich sind.

2. Den Kolben herausnehmen, rundherum mit Butter bestreichen und salzen. In die Hand nehmen und die Körner abknabbern.

Zubereitung auf dem Grill

1. Den Kolben mitsamt der Blätter mehrere Stunden in kaltem Wasser einweichen. Auf dem heißen Grill unter mehrmaligem Wenden etwa 30 Minuten garen.

2. Die Blätter und die Fäden entfernen. Den Kolben mit etwas Butter bestreichen und mit Salz würzen. In die Hand nehmen und die Körner einfach abknabbern.

Nährwerte: ca.160 kcal / 690 kJ / 5 g F / 24 g KH / 5 g E

Gemüsemais

Maiskolben überzeugen auch die hartnäckigsten Gemüsemuffel, denn erstens schmecken die Körner ein wenig süßlich und zweitens macht das Knabbern einfach Spaß. Sie sind eine ideale Gemüsevorspeise oder Beilage, z.B. abends zu einem Schinken- oder Frischkäsebrot.

Eisberg-Birnen-Salat

kinderleicht

Zutaten für 1 Familienportion
- 250 g Eisbergsalat
- 100 g Möhren
- 250 g Birnen

Für das Dressing:
- 100 g Joghurt (0,1 % Fett)
- 2 TL Salatcreme mit fettarmem Joghurt (11 % Fett)
- etwas Zitronensaft
- 2 EL Birnensaft
- Jodsalz, Pfeffer
- 1 EL fein geschnittene Minzblätter nach Belieben

ca. 10 Minuten

1. Den Eisbergsalat in die einzelnen Blätter zerteilen. Die Blätter waschen und trockenschleudern. Die Blätter kleinzupfen und in eine Salatschüssel geben.

2. Die Möhren putzen, schälen, grob rapseln und zum Salat geben. Die Birnen waschen und trockenreiben. Anschließend schälen, vierteln und das Kerngehäuse entfernen. Das Fruchtfleisch in kleine Würfel schneiden. Die Birnen über Salat und Möhren geben.

3. Für das Dressing den Joghurt, die Salatcreme, etwas Zitronensaft und den Birnensaft gut verrühren und mit Salz und Pfeffer abschmecken.

4. Die Salatzutaten und das Dressing gut mischen und den Salat sofort servieren. Nach Belieben mit frisch geschnittener Minze garnieren.

Nährwerte: insges. ca. 260 kcal / 1080 kJ / 3 g F / 48 g KH / 9 g E

Obst macht Salat interessant

Viele Kinder mögen Paprika-, Gurken- und Möhrenstreifen zum Knabbern, aber bei Salatblättern streiken sie. Knackiger Eisbergsalat ist jedoch häufig eine Ausnahme. Am besten Blattsalate mit frischen Früchten mischen und das Dressing nicht zu säuerlich abschmecken. Anstelle der Birne kann man auch halbierte Mandarinenschnitze, kleine Apfelwürfel oder dünne Pfirsichspalten nehmen.

Suppen und Eintöpfe

Von wegen Suppenkaspar! Die meisten Kinder löffeln Suppen gerne aus. Und das ist kein Wunder, denn Suppen und Eintöpfe sind harmonische Verbindungen verschiedenster Zutaten und Aromen. Sie bieten Platz für eine Fülle von Gemüse, und manche Sorten, die sonst eher auf Ablehnung stoßen, werden in einer Suppe akzeptiert. Auf reichlich Butter, Sahne oder auf Legierungen kann man getrost verzichten, kleine Mengen genügen.

Die Suppen und Eintöpfe in diesem Kapitel sind einfach und kinderleicht, der Zeitaufwand ist gering. Lediglich das Kleinschnippeln der Zutaten braucht ein paar Minuten. Wer es ganz eilig hat, nimmt Gemüse aus der Tiefkühltruhe oder peppt ein Päckchen Fertigsuppe auf.

Suppen und Eintöpfe ergeben zusammen mit Vollkornbrot oder Vollkornbrötchen ein Hauptgericht, das noch etwas Platz für ein größeres Dessert lässt.

Zucchinisuppe

Zutaten für 1 Familienportion

- 1 mittelgroße Zwiebel
- 900 g kleine gelbe Zucchini
- 1 TL Öl
- 1 kleine Knoblauchzehe, gepresst
- 450 ml kräftige Gemüsebrühe
- frisch gemahlener schwarzer Pfeffer
- Jodsalz
- 2 EL Schmand (20 % Fett)

 ca. 25 Minuten

1. Die Zwiebel schälen und in kleine Würfel schneiden. Die Zucchini waschen, trockenreiben, putzen und ebenfalls in kleine Würfel schneiden.

2. Das Öl in einer beschichteten Pfanne erhitzen. Zwiebeln, Knoblauch und Zucchini darin unter Rühren anbraten.

3. Alles in einen Topf geben, die Brühe angießen und aufkochen lassen. Das Gemüse bei kleiner Hitzezufuhr köcheln, bis die Zucchini zerfallen.

4. Die Suppe fein pürieren und mit Pfeffer und Salz abschmecken. Den Schmand unterrühren.

Nährwerte: insges. ca. 390 kcal / 1620 kJ / 24 g F / 24 g KH / 17 g E

Tipp
Anstelle des Schmands kann man auch ein Ersatzprodukt für Crème fraîche aus pflanzlichen Ölen und Milch verwenden. Es enthält ebenfalls 20 % Fett.

Verfeinerung durch Sahne, Crème fraîche und Co.

Cremige Gemüsesuppen sind auch bei Kindern beliebt, die Gemüse sonst eher meiden. Grund genug, Suppen häufiger auf den Speiseplan zu setzen. Zusammen mit Brötchen und Brot, am besten aus Vollkorn, liefern sie eine leichte Mahlzeit. Wichtig: Die Suppe nur mit sehr wenig Sahne oder Crème fraîche „verfeinern". Die Angaben in den Rezepten bedeuten gestrichene Esslöffel. Nehmen Sie Gemüsesorten, die gerade Saison und ein volles Aroma haben. Zucchini, Erbsen, Kürbis, Kohlrabi, Lauch oder Blumenkohl haben einen zarten Eigengeschmack, der nur einen Hauch von „Verfeinerung" braucht. Wenn Sie ein ungesäuertes Milchprodukt bevorzugen, finden Sie anstelle von Sahne (30 % Fett) auch Produkte aus Milch und pflanzlichen Fetten im Kühlregal, die nur halb so viel Fett enthalten. Doch auch sie nur löffelweise zugeben. Wer in die Suppen lieber ein bisschen Crème fraîche rührt, kann diese durch saure Sahne (10 % Fett) oder Schmand (20 % Fett) ersetzen.

Tomatensuppe

für Kinderfeste

Zutaten für 1 Familienportion

- 1 Zwiebel
- 1 Knoblauchzehe
- 200 g kleine, feste Zucchini
- 1 TL Olivenöl
- 500 g passierte Tomaten (Dose/Tetrapak)
- 1/2 l Gemüsebrühe
- italienische Gewürzmischung (Trockenprodukt)
- Jodsalz, Pfeffer
- 1 Prise Zucker
- 100 ml Milch (1,5 % Fett)
- 1 Kugel Mozzarella light (125 g)
- einige Basilikumblätter nach Belieben

 ca. 20 Minuten

1. Die Zwiebel und die Knoblauchzehe schälen und die Zwiebel fein hacken. Die Zucchini waschen, trockenreiben, putzen und in kleine Würfel schneiden.

2. Das Öl in einem beschichteten Topf erhitzen und das Gemüse darin andünsten. Den Knoblauch durch eine Presse dazudrücken.

3. Die Tomaten und die Brühe dazugeben und mit italienischer Gewürzmischung, Salz, Pfeffer und Zucker würzen. Die Suppe 10 Minuten köcheln lassen. Die Zucchini sollten noch bissfest sein. Die Milch in die Suppe rühren und sie noch einmal abschmecken.

4. Den Mozzarella in kleine Würfel schneiden und kurz vor dem Servieren in die Suppe geben. Nach Belieben einige Basilikumblätter klein zupfen und über die Suppe streuen.

Nährwerte: insges. ca. 510 kcal / 2150 kJ / 19 g F / 43 g KH / 41 g E

Fertigsuppe „Pepp-up"

kinderleicht

Zutaten für 1 Familienportion

- 120 g schlanke Möhren
- 1 Beutel klare Suppe mit Nudeleinlage für 4 Personen (z.B. Hühnersuppe)
- 150 g Zuckerschoten (TK-Ware, frische Zuckerschoten oder TK-Erbsen)

ca. 10 Minuten

1. Die Möhren schälen und in sehr dünne Scheiben schneiden.

2. Die Suppe nach Packungsanweisung zubereiten. Die Möhrenscheiben und die Zuckerschoten dazugeben. Sie werden in der Kochzeit der Suppe gar.

Nährwerte: insges. ca. 350 kcal / 1450 kJ / 5 g F / 61 g KH / 15 g E

Tütensuppen

Sie sind ruck, zuck gemacht und deshalb vor allem in Zeitnot willkommen. Einfache, klare Suppen enthalten meist nur wenig Fett. Am besten auf die Nährwertangaben achten. Manko: Wenn die Suppe alleiniger Bestandteil der Mahlzeit bleibt, kommt die Gemüsekomponente zu kurz. Deshalb die Suppe mit frischem Gemüse „aufpeppen". Es eignen sich Möhren, Erbsen, Zuckerschoten, Mais, Zucchini, Rüben, kleine Blumenkohl- oder Brokkoliröschen. Tiefgekühlte Ware wird ohne Probleme in der Kochzeit der Suppe gar. Frisches Gemüse dagegen muss sehr dünn oder sehr klein geschnitten werden.

Suppen und Eintöpfe

Kartoffelsuppe mit Knuspereinlage

kinderleicht

Zutaten für 1 Familienportion

- 1 große Stange Lauch (ca. 300 g)
- 800 g mehlig kochende Kartoffeln
- 150 g Knollensellerie
- 1 EL Rapsöl
- 750 ml Gemüsebrühe
- 250 ml Milch (1,5 % Fett)
- 1 Lorbeerblatt
- 200 g Möhren
- Jodsalz, Pfeffer
- geriebene Muskatnuss

 ca. 30 Minuten

1. Den Lauch putzen, waschen, trockenreiben und längs halbieren. Dann den weißen und den hellgrünen Teil in feine Ringe schneiden. Die Kartoffeln waschen, schälen und in etwa 1 1/2 cm große Würfel schneiden. Den Sellerie schälen und in etwa 1 cm große Würfel schneiden.

2. Das Öl in einem großen Topf erhitzen. Den Lauch dazugeben und glasig dünsten. Dabei häufig rühren. Den Sellerie dazugeben und mitdünsten.

3. Die Kartoffeln dazugeben und mit der Gemüsebrühe und der Milch aufgießen. Das Lorbeerblatt in die Brühe geben und die Suppe im geschlossenen Topf etwa 15 Minuten kochen lassen. Die Kartoffeln sollten dann weich sein. Inzwischen die Möhren schälen und in kurze, dünne Stifte raspeln.

4. Etwa 1/3 der Kartoffel-Lauch-Mischung aus der Suppe nehmen. Die restliche Suppe fein pürieren. Dann die Kartoffel-Lauch-Mischung wieder dazugeben.

5. Die Möhre dazugeben, kurz in der Suppe erhitzen. Die Suppe mit Salz, Pfeffer und Muskatnuss abschmecken.

Nährwerte: insges. ca. 1020 kcal / 4290 kJ / 24 g F / 156 g KH / 38 g E

Würstchen im Eintopf

Für viele ist ein Eintopf ohne Würstchen nicht komplett! Doch leider bestehen Wiener oder Frankfurter Würstchen zu rund einem Viertel aus Fett. Das macht die Vorteile eines „mageren" Gemüseeintopfs wieder zunichte. Wer darauf nur schlecht verzichten kann, sollte versuchen, die Menge zu reduzieren. Auch Geflügelwürstchen können ähnliche Fettmengen enthalten. Deshalb Nährwertangaben beachten.

Gemüsesuppe mit Klößchen

Zutaten für 1 Familienportion

Für die Klößchen:
- 250 ml Milch (1,5 % Fett)
- schwarzer Pfeffer
- Jodsalz
- 125 g Hartweizengrieß
- 2 Eier (Größe S)

Für die Suppe:
- 1,5 l Gemüsebrühe
- 750 g gemischtes TK-Gemüse (Blumenkohl, grüne Bohnen, Erbsen, Möhren)
- Jodsalz

ca. 30 Minuten

1. Die Milch aufkochen und mit Pfeffer und Salz kräftig abschmecken. Den Grieß einrühren. Den Topf von der Herdplatte nehmen und den Grieß etwa 10 Minuten quellen lassen.

2. Die Eier verquirlen, mit einem Schneebesen unter die Grießmasse schlagen und das Ganze glatt rühren.

3. Die Brühe aufkochen lassen, das Gemüse hinzugeben und alles nochmal aufkochen lassen. Mit zwei Teelöffeln kleine Nockerln aus der Grießmasse formen und in die Suppe geben. Gemüse und Klößchen etwa 15 Minuten ziehen lassen.

4. Die Gemüsesuppe mit Salz abschmecken.

Nährwerte: insges. ca. 900 kcal / 3790 kJ / 23 g F / 124 g KH / 46 g E

Milder Bohneneintopf

Zutaten für 1 Familienportion

- 600 g frische grüne Bohnen
- 200 g Möhren
- 200 g Kartoffeln
- 1 mittelgroße Zwiebel
- 1 Knoblauchzehe
- 1 EL Rapsöl oder Olivenöl
- 2 TL mildes Paprikapulver
- 2 TL Tomatenmark
- 1 l Gemüsebrühe
- 100 g Hartweizennudeln ohne Ei (vorzugsweise Orecchiette)

ca. 30 Minuten

1. Die Bohnen waschen, putzen und in Stücke schneiden. Die Möhren und die Kartoffeln waschen, schälen und in 1 cm große Stücke schneiden. Die Zwiebel und die Knoblauchzehe schälen und fein hacken.

2. Das Öl erhitzen. Zwiebel und Knoblauch darin glasig dünsten. Das Paprikapulver darüber stäuben und anschwitzen. Das Tomatenmark dazurühren und die Gemüsebrühe angießen.

3. Das Gemüse dazugeben und den Bohneneintopf etwa 10 Minuten köcheln lassen.

4. Die Brühe noch einmal abschmecken, die Nudeln dazugeben und den Eintopf bei geringer Hitzezufuhr noch so lange köcheln, bis die Nudeln gar sind.

Nährwerte: insges. ca. 860 kcal / 3620 kJ / 19 g F / 134 g KH / 37 g E

Tipp
Wenn Bohnen keine Saison haben, TK-Bohnen verwenden. Diese auftauen lassen und zusammen mit den Nudeln zur Suppe geben.

Milder Chili-con-carne-Eintopf

für Kinderfeste

Zutaten für 1 Familienportion
- 150 g Lauch
- 250 g Möhren
- 1 Knoblauchzehe
- 200 g Kartoffeln
- 1 TL Olivenöl
- 200 g mageres Rinderhackfleisch
- 2 Packungen Chiligemüse mit Sauce (Tetrapak à 380 g)
- 300 g Tomatenfruchtfleisch in Stücken (Dose/Tetrapak)
- Jodsalz
- weißer Pfeffer
- Paprikapulver edelsüß

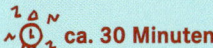 ca. 30 Minuten

1. Den Lauch putzen, waschen, trockenreiben und längs halbieren. Anschließend die Lauchhälften in dünne Ringe schneiden. Die Möhren putzen, waschen, schälen und in kleine Würfel schneiden. Die Knoblauchzehe schälen. Die Kartoffeln waschen, schälen und danach in ganz kleine Würfel schneiden.

2. Das Öl in einem beschichteten Topf erhitzen. Das Hackfleisch darin krümelig braten. Dann den Lauch und die Möhren dazugeben und kurz mit anbraten. Die Knoblauchzehe durch die Presse dazudrücken.

3. Das Chiligemüse und die Tomaten dazugeben. 700 ml Wasser angießen. Die Kartoffelwürfel darunter geben. Den Topf abdecken und alles 10 Minuten kochen lassen.

4. Nach Belieben mit Salz, Pfeffer und Paprikapulver abschmecken.

Nährwerte: insges. ca. 1110 kcal / 4680 kJ / 59 g F / 84 g KH / 57 g E

Dazu Vollkornbrötchen essen.

Kicher-Eintopf

Zutaten für 1 Familienportion

- 1 Zwiebel
- 1 Knoblauchzehe
- 1 EL Rapsöl oder Olivenöl
- 2 EL Tomatenmark
- 1 EL Mehl
- 400 g Tomatenfruchtfleisch in Stücken (Dose/Tetrapak)
- 500 ml Gemüsebrühe
- 1 rote Paprikaschote
- ca. 500 g Kichererbsen (Dose)
- Jodsalz, Pfeffer
- mildes Paprikapulver
- etwas Blattpetersilie, fein gehackt

 ca. 30 Minuten

1. Die Zwiebel und die Knoblauchzehe schälen und fein hacken.

2. Das Öl erhitzen. Die Zwiebel und die Knoblauchzehe darin andünsten. Dann das Tomatenmark und das Mehl dazugeben und kurz anschwitzen.

3. Die Tomaten angießen und alles kräftig verrühren. Die Gemüsebrühe dazugeben.

4. Die Paprikaschote waschen, trockenreiben, putzen und in kleine Würfel schneiden. Die Paprikaschote zusammen mit den Kichererbsen in den Eintopf geben. Das Ganze mit Salz, Pfeffer und Paprikapulver würzen. Etwa 10 Minuten kochen lassen.

5. Vor dem Servieren mit fein gehackter Petersilie bestreuen.

Nährwerte: insges. ca. 980 kcal / 4080 kJ / 26 g F / 132 g KH / 50 g E

Hülsenfrüchte

Hülsenfrüchte sind wahre Kraftpakete, denn sie liefern wertvolles Eiweiß, viele Vitamine und Mineralstoffe, Energie aus Stärke, reichlich Ballaststoffe, aber kaum Fett.
Wer Zeit hat, nimmt getrocknete Bohnen, Linsen, Kichererbsen, Sojabohnen etc. und weicht sie über Nacht in Wasser sein. Am nächsten Tag entweder im Schnellkochtopf oder im normalen Topf weich kochen. Schneller geht's mit Hülsenfrüchten aus der Dose. Am besten immer Hülsenfrüchte „natur" wählen, Zubereitungen enthalten mehr oder weniger Fett.

Italienischer Gemüseeintopf

Zutaten für 1 Familienportion

- 300 g Kartoffeln
- 1 l Rinder- oder Geflügelbrühe
- 200 g Tomaten
- ca. 250 g weiße Bohnen (Dose)
- 450 g TK-Gemüsemischung (Bohnen, Blumenkohl, Kohlrabi, Möhren etc.)
- 80 g Vollkornspaghetti oder Vollkornmakkaroni
- Jodsalz, Pfeffer
- gerebelter Thymian
- 1 Bund glatte Petersilie

 ca. 30 Minuten

1. Die Kartoffeln gründlich waschen, schälen und in etwa 1 1/2 cm große Würfel schneiden.

2. Die Brühe erhitzen, die Kartoffeln dazugeben und etwa 10 Minuten garen.

3. In der Zwischenzeit die Tomaten waschen und den grünen Stielansatz herausschneiden. Die weißen Bohnen mit kaltem Wasser abspülen und gut abtropfen lassen.

4. Die Tiefkühl-Gemüsemischung zu den Kartoffeln geben und alles zum Kochen bringen. Die ganzen Tomaten dazulegen und kurz mitkochen. Dann wieder herausnehmen und die Schale abziehen. Die Tomaten in Viertel schneiden und wieder in die Brühe geben.

5. Die Nudeln und die Bohnen in die Suppe geben. Mit Salz, Pfeffer und Thymian würzen und die Suppe etwa 10 Minuten köcheln lassen. Die Nudeln sollten dann gar, aber noch bissfest sein.

6. Die Petersilie waschen, trockentupfen und in dünne Streifen schneiden. Die Petersilie unter die Suppe rühren. Die Suppe anrichten.

Nährwerte: insges. ca. 850 kcal / 3540 kJ / 8 g F / 144 g KH / 45 g E

Variation

Anstelle der TK-Gemüsemischung kann man natürlich auch frisches Gemüse der Saison nehmen. Im Sommer kommen Zucchini, Paprikaschoten und junge Kohlrabis, im Winter Herbstrüben, Karotten, Pastinaken und Petersilienwurzeln in die Suppe. Achten Sie auf eine farbenfrohe bunte Mischung, also immer etwas orangefarbene Möhre oder rote Paprikaschote dazugeben. Schließlich isst das Auge mit!

Pasta und Pizza

Fragt man Kinder nach ihrem Lieblingsgericht so lautet die Antwort häufig: „Nudeln mit Sauce" oder „Pizza". Jeden Tag könnten es Spaghetti, Spätzle und Co. oder knuspriger Teig mit schmelzendem Belag sein. Die beiden Zubereitungen aus Italien schmecken einfach superlecker! Nicht anders lässt sich ihr Siegeszug rund um die Welt erklären.

Doch leider bieten Nudeln und Teig dem Fett ein ideales Versteck. Viel Sahne in der Sauce, reichlich Käse auf dem Teig, Öl zum Beträufeln oder im Pesto, fettreiche Zutaten wie Speck oder Salami – alles Gründe, bei Pasta und Pizza eher zaghaft zuzugreifen. Das gilt zumindest für die Fertigprodukte. Wer jedoch selbst kocht, kann beim Fett sparen und wird schnell feststellen, dass auch die Hälfte der üblichen Sahne-, Butter-, Öl- und Käsemenge ausreicht. Wer dann noch die Mengenverhältnisse verschiebt, also weniger Sauce und Belag, und dafür mehr Nudeln und Teig nimmt, bekommt mehr von den günstigen Kohlenhydraten, die Energie für Muskeln und Nerven liefern, nimmt aber weniger Fett zu sich.

Ein weiteres Plus: Pasta und Pizza sind Sympathieträger und nehmen im Team viel Gemüse mit.

Möhrennudeln

Zutaten für 1 Familienportion

- *500 g Möhren*
- *200 g Lauch*
- *etwas Blattpetersilie*
- *Jodsalz*
- *300 g Hartweizennudeln ohne Ei (Bandnudeln oder Spirelli, vorzugsweise Vollkorn)*
- *2 EL Olivenöl*
- *weißer Pfeffer*

 ca. 25 Minuten

1. Die Möhren putzen, waschen, schälen und grob raspeln. Den Lauch putzen, waschen und trockenreiben. Dann die Stangen längs vierteln. Anschließend quer in feine Streifen schneiden.

2. Die Petersilie waschen, trockentupfen und die Blätter von den Stielen zupfen. Die Blätter in feine Streifen schneiden.

3. Reichlich Wasser zum Kochen bringen, salzen und die Nudeln darin nach Packungsanweisung garen.

4. Inzwischen das Olivenöl in einer beschichteten Pfanne erhitzen. Die Möhren und den Lauch darin unter ständigem Rühren braten. Wichtig ist, dass das Gemüse – ähnlich wie bei Wokgemüse – ständig bewegt wird. Sonst brennt es an und schmeckt bitter.

5. Die Möhren und den Lauch mit Salz und Pfeffer würzen. Die Nudeln in ein Sieb gießen und abtropfen lassen. Die Nudeln unter das Gemüse mischen, mit Petersilie bestreuen und sofort servieren.

Nährwerte: insges. ca. 1330 kcal / 5540 kJ / 29 g F / 212 g KH / 50 g E

Tipp

Möhren, die sanft gebraten werden, entwickeln ein leicht süßliches Aroma. Das gilt auch für den Lauch, der sich hier untermischt. Von der ursprünglichen Schärfe des Zwiebelgewächses keine Spur. Trotzdem ist er nicht immer bei Kindern beliebt. Dann einfach mehr von den geraspelten Möhren nehmen. Man kann die Möhren auch in lange, streichholzdünne Streifen schneiden und mit Spaghetti mischen. Oder man nimmt kleine Kohlrabiwürfel oder in Streifen geschnittenen Weißkohl. Ganz wichtig: Immer nur wenig Öl nehmen und in einer beschichteten Pfanne oder einem beschichteten Wok unter ständigem Rühren braten.

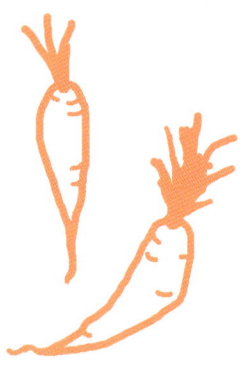

Vollkornnudeln

Spaghetti, Hörnchen, Spätzle – das Angebot an Vollkornnudeln ist mittlerweile groß. Fündig werden Sie nicht nur im Reformhaus und im Bioladen, sondern auch im Supermarkt. Mehr Ballaststoffe, mehr Vitamine und Mineralstoffe, niedriger glykämischer Index, vieles spricht dafür. Doch da die Vollkornnudeln einen stärkeren Eigengeschmack und eine dunklere Farbe haben als helle Nudeln, passen sie geschmacklich und optisch nicht immer. Zu kräftigem Gemüse und herzhaften Saucen schmecken sie aber ausgesprochen gut.

Käsespätzle

Zutaten für 1 Familienportion

- *350 g feines Dinkelvollkornmehl*
- *2 Eier (Größe M)*
- *100 g Magerquark*
- *Jodsalz*
- *gemahlener Koriander*
- *2 TL Butter*
- *100 g geriebener Käse (30 % Fett i.Tr.)*

ca. 40 Minuten (plus 30 Minuten Quellzeit)

1. Das Mehl in eine Schüssel geben. Die Eier, den Quark, eine gute Prise Salz und etwas Koriander verquirlen und dazugeben. Dann Mehl und Eiermischung verrühren, dabei nach und nach etwa 250 ml kaltes Wasser dazugeben, sodass ein dickflüssiger Teig entsteht. Den Teig mit einem Holzlöffel kräftig schlagen. Wenn er glatt ist und Blasen wirft, hat er die richtige Konsistenz.

2. Den Teig abdecken, in den Kühlschrank stellen und mindestens 30 Minuten quellen lassen. Danach noch einmal durchrühren. Ist der Teig zu fest, noch etwas Wasser dazugeben.

3. Einen großen Topf mit reichlich Wasser zum Kochen bringen. Anschließend salzen und die Temperatur senken, so dass das Wasser nur noch siedet. Nun den Teig portionsweise mit einem Spätzlehobel in das Wasser geben. (Man kann den Teig auch durch die Spätzlepresse drücken oder von einem speziellen Brett schaben.) Wenn die Spätzle nach oben kommen, sind sie gar. Spätzle herausnehmen, in ein Sieb geben, mit kaltem Wasser abspülen und abtropfen lassen. Restliche Spätzle zubereiten.

4. Nun gibt es zwei Möglichkeiten: Entweder Spätzle in einer beschichteten Pfanne in der Butter braten und den geriebenen Käse bei Tisch darüber streuen. Oder Spätzle in eine gefettete Auflaufform geben, mit geriebenem Käse bestreuen und im Backofen bei 220 °C kurz überbacken.

Nährwerte: insges. ca. 1800 kcal / 7600 kJ / 52 g F / 226 g KH / 106 g E

Dazu einen Rohkostsalat reichen.

Schleifchen und Kugeln

Zutaten für 1 Familienportion

- *Jodsalz*
- *300 g Hartweizennudeln ohne Ei (Farfalle)*
- *1 Kugel Mozzarella light (125 g)*
- *600 g Cocktailtomaten*
- *1 EL Olivenöl*
- *1 Prise weißer Pfeffer*
- *1 Prise Zucker*

ca. 15 Minuten

1. Reichlich Wasser zum Kochen bringen, salzen und die Nudeln darin nach Packungsanweisung garen. In der Zwischenzeit den Käse abtropfen lassen und in kleine Würfel schneiden.

2. Dann die Tomaten waschen. Das Öl in einer beschichteten Pfanne erhitzen. Die Tomaten im Ganzen hineingeben. Mit Salz, Pfeffer und Zucker würzen. Die Tomaten bei sanfter Hitze braten, dabei ab und zu die Pfanne rütteln. Wenn die Tomaten leicht aufplatzen, sind sie fertig.

3. Die Nudeln in ein Sieb gießen, kurz abtropfen lassen und in eine Schüssel geben. Die Tomaten und den Käse sofort darunter mischen. Fertig!

Nährwerte: insges. ca. 1440 kcal / 6050 kJ / 26 g F / 230 g KH / 68 g E

Überbackene Nudeln
mit Schafskäse

Zutaten für 1 Familienportion

- 1 große rote Paprikaschote (ca. 200 g)
- 1 TL Olivenöl
- Jodsalz
- 250 g Vollkornnudeln (z.B. Spirelli)
- 400 g TK-Erbsen
- ca. 100 ml Gemüsebrühe
- 100 g Kuhkäse (Schafskäseart) in Lake leicht (30 % Fett i.Tr.)
- 200 ml Milch (1,5 % Fett)
- 1 Knoblauchzehe
- 1 Bund glatte Petersilie
- schwarzer Pfeffer

 ca. 30 Minuten

1. Reichlich Wasser in einem großen Topf für die Nudeln erhitzen. In der Zwischenzeit die Paprikaschote waschen, trockenreiben und halbieren. Das Kerngehäuse entfernen und die Paprikaschotenhälften in kleine Würfel schneiden. Das Öl in einer beschichteten Pfanne erhitzen und die Paprikaschotenwürfel darin andünsten. Den Backofen auf 240 °C vorheizen. Das kochende Wasser salzen. Die Nudeln hineingeben und nach Packungsanweisung garen. Gleichzeitig die Erbsen in der Gemüsebrühe garen.

2. Die Nudeln und die Erbsen in ein Sieb gießen und abtropfen lassen. Zusammen mit den Paprikaschoten in eine flache Auflaufform geben. Den Käse abtropfen lassen und mit einer Gabel zerdrücken. Mit der Milch mischen. Den Knoblauch schälen und dazupressen. Die Petersilie waschen, die Blätter trocknen und fein hacken. Die Petersilie zur Käse-Milch-Mischung geben und alles gut verrühren. Die Masse auf den Nudeln verteilen.

3. Das Ganze in den Backofen (mittlere Schiene) stellen und 10 bis 15 Minuten überbacken.

Nährwerte: insges ca. 1540 kcal / 6480 kJ / 35 g F / 221 g KH / 82 g E

Nudelsalat

für Kinder- und Grillfeste

Zutaten für 1 Familienportion

- Jodsalz
- 250 g Hartweizennudeln ohne Ei (z.B. Penne)
- 300 g Salatgurke
- 300 g Gemüsemais (Dose)
- 150 g Möhren
- 100 g eingelegte Tomatenpaprika

Für das Dressing:
- 2 EL Salatcreme mit fettarmem Joghurt (11 % Fett)
- 200 g Joghurt (1,5 % Fett)
- Jodsalz, weißer Pfeffer
- italienische Gewürzmischung (Trockenprodukt)

ca. 30 Minuten
(plus Zeit zum Abkühlen und Durchziehen)

1. Reichlich Wasser zum Kochen bringen, salzen. Die Nudeln darin nach Packungsanweisung garen, in ein Sieb geben, abtropfen und abkühlen lassen.

2. Die Salatgurke schälen, vierteln und die Kerne mit einem Teelöffel herausschaben. Die Viertel noch einmal längs durchschneiden, dann quer in Stücke schneiden. Den Mais in ein Sieb geben und abtropfen lassen.

3. Die Möhren waschen, schälen und grob raspeln. Die Tomatenpaprika abtropfen lassen und klein schneiden. Das gesamte Gemüse in eine Salatschüssel geben und mischen.

4. Für das Dressing die Salatcreme, den Joghurt und 1 Esslöffel vom Tomatenpaprikasud verrühren. Kräftig mit Salz, Pfeffer und Gewürzmischung würzen.

5. Die Nudeln zum Gemüse geben, das Dressing darüber geben und alles mischen. Den Salat noch etwa 30 Minuten durchziehen lassen.

Nährwerte: insges. ca. 1360 kcal / 5680 kJ / 14 g F / 248 g KH / 53 g E

Nudeln mit roten Linsen

Zutaten für 1 Familienportion

- 1 Zwiebel
- 1 Knoblauchzehe
- 200 g schlanke Möhren
- 200 g Lauch
- 1 EL Rapsöl
- 200 g rote Linsen
- 200 g Tomatenfruchtfleisch in Stücken (Dose/Tetrapak)
- 600 ml Gemüsebrühe
- Jodsalz
- 200 g Vollkornnudeln ohne Ei (z.B. Spaghetti, Linguine)
- mexikanische Gewürzmischung (Trockenprodukt)
- Pfeffer
- 2 EL fein geschnittener Schnittlauch nach Belieben

ca. 30 Minuten

1. Reichlich Wasser für die Nudeln zum Kochen bringen.

2. Inzwischen die Zwiebel schälen und fein hacken. Die Knoblauchzehe schälen. Die Möhren waschen, schälen, längs halbieren und in feine Scheiben schneiden. Den Lauch putzen, waschen und trockenreiben. Die Stange längs halbieren und in dünne Ringe schneiden.

3. Das Öl in einem beschichteten Topf erhitzen. Die Zwiebel, die Möhren und den Lauch dazugeben. Den Knoblauch dazupressen und alles unter Rühren andünsten.

4. Die Linsen und das Tomatenfruchtfleisch dazugeben und unter das Gemüse rühren. Die Brühe angießen und die Linsen im geschlossenen Topf etwa 10 Minuten köcheln.

5. Während die Linsen garen, das Nudelwasser salzen und die Nudeln nach Packungsanweisung garen.

6. Die Nudeln in ein Sieb gießen und abtropfen lassen. Das Linsengemüse mit Gewürzmischung, Salz und Pfeffer abschmecken. Das Ganze sollte noch saucig sein. Je nach Konsistenz noch ein wenig mehr Brühe dazugießen.

7. Die Nudeln zusammen mit dem Linsengemüse servieren. Nach Belieben etwas Schnittlauch darüber streuen.

Nährwerte: insges. ca. 1560 kcal / 6540 kJ / 21 g F / 252 g KH / 86 g E

Nudeln mit Geisterbolognese

kinderleicht

für Halloweenpartys

Zutaten für 1 Familienportion

- 500 g Kürbis (Hokkaido, Butternuss oder Muskatkürbis)
- 100 g Lauch
- 1 Knoblauchzehe
- Jodsalz
- 300 g Spaghetti (vorzugsweise Vollkorn)
- 2 EL Olivenöl
- weißer Pfeffer
- getrockneter Oregano
- 400 g Tomatenfruchtfleisch in Stücken (Dose/Tetrapak)
- 3 EL süße Sahne

 ca. 35 Minuten

1. Den Kürbis mit dem Schälmesser schälen. Die Kerne mit den Händen oder einem Löffel entfernen. Das Kürbisfruchtfleisch in sehr kleine Würfel schneiden.

2. Den Lauch waschen und trockenreiben. Die Stange längs halbieren und quer in sehr dünne Streifen schneiden. Die Knoblauchzehe schälen.

3. Reichlich Wasser in einem Topf zum Kochen bringen und salzen. Die Nudeln hineingeben und nach Packungsanweisung garen.

4. In der Zwischenzeit das Öl in einer beschichteten Pfanne erhitzen. Den Kürbis und den Lauch darin andünsten. Den Knoblauch durch die Knoblauchpresse dazudrücken. Das Ganze immer wieder durchrühren und darauf achten, dass es nicht braun wird.

5. Das Gemüse mit Salz, Pfeffer und Oregano würzen. Die Tomaten dazugeben, alles gut umrühren und die Pfanne mit einem Deckel schließen. Das Gemüse bei geringer Hitze 5 bis 10 Minuten köcheln. Das Gemüse sollte dann gar, aber noch bissfest sein.

6. Die Sahne in die Sauce rühren und sie nochmals abschmecken. Die Nudeln abgießen und zusammen mit der Sauce servieren.

Nährwerte: insges. ca. 1520 kcal / 6350 kJ / 43 g F / 223 g KH / 55 g E

Variationen

Anstelle der Sahne kann man auch ein fettärmeres Sahneersatzprodukt aus pflanzlichen Fetten und Milch verwenden, das nur 15 % Fett enthält. Wenn Kürbis nicht erhältlich ist oder nicht gemocht wird, kann man die Gemüsebolognese auch mit Steckrüben oder einer Mischung aus Champignons und Rüben zubereiten.

Kürbis

Vor allem die großen Jack O'Lantern oder gelben Zentner werden zu Halloween gerne ausgehöhlt und mit Kerzen vors Haus in die dunkle Nacht gestellt. Das ausgeschabte Fruchtfleisch ist jedoch sehr wässrig und eignet sich eher für Suppe als für diese Geisterbolognese. Hier müssen die kleinen Würfel beim Kochen in Form bleiben und dürfen nicht zerfallen. Am besten die aromatischen Butternusskürbisse oder Muskatkürbisse nehmen. Wer sich für Hokkaido oder Butternuss entscheidet, braucht die Kürbisse nicht zu schälen. Wichtig ist: Den Kürbis ganz klein schneiden oder in der Küchenmaschine hacken.

Spaghetti mit „schlanker" Carbonara

Zutaten für 1 Familienportion

- *400 ml Milch (1,5 % Fett)*
- *2 EL Speisestärke*
- *Jodsalz*
- *300 g Spaghetti (am besten Vollkorn)*
- *200 g Schmelzkäse mit Joghurt (12 % Fett)*
- *frisch geriebene Muskatnuss*
- *weißer Pfeffer*
- *2 große, dünne Scheiben gekochter Schinken (80 g)*
- *2 EL fein gehackte Blatt-petersilie nach Belieben*

ca. 20 Minuten

1. Reichlich Wasser für die Nudeln in einem großen Topf zum Kochen bringen.

2. Inzwischen etwa 300 ml Milch zum Kochen bringen. Die restliche, kalte Milch mit der Speisestärke gut verrühren. Wenn die Milch kocht, die angerührte Stärke dazugeben und das Ganze aufkochen, so dass die Milch gebunden wird.

3. Das kochende Nudelwasser salzen. Die Nudeln ins Wasser geben und nach Packungsanweisung garen.

4. Den Käse in die Sauce rühren und bei mittlerer Hitzezufuhr schmelzen lassen. Die Sauce mit Muskatnuss und Pfeffer abschmecken.

5. Den Schinken in etwa 1 cm große Würfel schneiden und in die Sauce geben.

6. Die Nudeln abgießen und mit der Sauce mischen. Nach Belieben mit der Petersilie bestreuen und das Gericht sofort servieren.

Nährwerte: insges. ca. 1780 kcal / 7460 kJ / 34 g F / 265 g KH / 100 g E

Dazu, danach oder vorher einen Salat essen, z.B. Tomatensalat, Gurkensalat oder einen grünen Salat mit einer fettarmen Sauce.

Variation

Kleine Zucchiniwürfel oder Erbsen bringen Farbe in die Sauce und viele Vorteile für die Gesundheit. Das Gemüse in die gebundene Milch geben und darin ein paar Minuten ziehen lassen.

Tipp

Eier und Sahne kommen in die Original-Carbonara, doch das bedeutet auch: reichlich Fett. Diese Variante hier hat die Sahne durch Milch ersetzt und auf die Eier verzichtet. Der Geschmack ist anders, die Optik ähnlich und Kinder mögen cremige Saucen.

Nudeln mit schneller Spinatsauce

`kinderleicht`

Zutaten für 1 Kinderportion

- *150 g TK-junger Spinat, gehackt*
- *100 ml Milch (1,5 % Fett)*
- *Jodsalz*
- *50 g Vollkornnudeln (z.B. Farfalle)*
- *25 g Schmelzkäse mit Joghurt (12 % Fett)*
- *weißer Pfeffer*
- *geriebene Muskatnuss*
- *2 Cocktailtomaten*

ca. 15 Minuten

1. Den gefrorenen Spinat zusammen mit der Milch in einen Topf geben und bei mittlerer Hitzezufuhr langsam auftauen lassen. Dabei ab und zu umrühren.

2. In der Zwischenzeit reichlich Wasser zum Kochen bringen und salzen. Dann die Nudeln dazugeben und nach Packungsanweisung garen.

3. Den Schmelzkäse in den Spinat rühren und schmelzen lassen. Die Sauce mit Salz, Pfeffer und Muskatnuss abschmecken.

4. Die Cocktailtomaten waschen, trockenreiben, vierteln, in die Sauce geben und leicht erwärmen.

5. Die Nudeln in ein Sieb gießen, abtropfen lassen und zusammen mit der Sauce anrichten.

Nährwerte: ca. 290 kcal / 1220 kJ / 6 g F / 40 g KH / 18 g E

Griechischer Nudel-Gemüse-Topf

Zutaten für 1 Familienportion

- 1 Zwiebel
- 150 g Möhren
- 1 kleine Fenchelknolle (200 g)
- 1 kleine gelbe Paprikaschote (ca. 150 g)
- 250 g Zucchini
- 2 EL Olivenöl
- 2 Knoblauchzehen
- 250 g griechische Nudeln (Kritharaki)
- 500 g Tomatenfruchtfleisch in Stücken (Dose/Tetrapack)
- 500 ml Gemüsebrühe
- schwarzer Pfeffer
- Jodsalz

ca. 30 Minuten

1. Die Zwiebel schälen und in kleine Würfel schneiden. Die Möhre schälen. Den Fenchel putzen, waschen und trockentupfen. Die Paprikaschote und die Zucchini ebenfalls putzen, waschen und trockenreiben. Danach das gesamte Gemüse in Würfel schneiden.

2. Das Öl in einer hohen beschichteten Pfanne erhitzen. Die Paprikaschote und die Zucchini darin einige Minuten unter Rühren anbraten. Das Gemüse wieder aus der Pfanne nehmen und beiseite stellen.

3. Die Zwiebel-, die Möhren- und die Fenchelwürfel in die Pfanne geben und ebenfalls einige Minuten unter Rühren braten. Den Knoblauch schälen und dazupressen. Die Nudeln zum Gemüse geben und darunter mischen.

4. Die Tomaten und die Brühe hineingießen. Alles gut verrühren und kurz aufkochen. Die Pfanne mit einem Deckel abdecken und das Gericht bei niedrigster Hitzezufuhr etwa 15 Minuten garen. Dabei im Auge behalten und öfter umrühren. 5 Minuten vor Ende der Garzeit die Paprikaschote und die Zucchini hinzugeben.

5. Das fertige Gericht mit Pfeffer und Salz abschmecken.

Nährwerte: insges. ca. 1370 kcal / 5750 kJ / 28 g F / 223 g KH / 52 g E

Tipp

Kritharaki sind kleine, griechische Nudeln, die wie Reiskörner aussehen. Sie quellen direkt in der Sauce aus. Anstelle der Nudeln kann man auch geschälten Zartweizen nehmen. Wichtig ist es, die unterschiedliche Gardauer der einzelnen Gemüsesorten zu berücksichtigen. Aus diesem Grund werden die Zucchini und die Paprikaschote erst kurz vor Garende wieder dazugegeben.

Gemüse kann mit Nudeln punkten

Selbst Gemüsemuffel lassen sich überzeugen, wenn Möhren und Co. mit Nudeln kombiniert werden. Einige Beispiele zeigt das Buch. Doch lassen Sie einfach Ihrer Phantasie freien Lauf. Nutzen Sie die unterschiedlichen Formen der beliebten Teigware und so oft wie möglich die Vollkornvarianten. Kleine Brokkoliröschen passen z.B. gut zu Orecchiette oder Muschelnudeln, spiralförmige kurze Nudeln wie Fusilli nehmen sehr gut pürierte Gemüsesaucen auf, kurze glatte wie Penne lassen sich prima mit in Stäbchen geschnittenem Gemüse oder Pilzen mischen.

Weißkohlfladen

für Kinderfeste

Zutaten für 1 Familienportion

Für den Teig:
- 80 g Magerquark
- 3 EL Rapsöl
- Jodsalz
- 160 g Mehl (Type 405)
- 2 gestrichene TL Backpulver

Für den Belag:
- 500 g Weißkohl
- 100 g mageres Rinderhackfleisch
- Jodsalz, Pfeffer
- frische Thymianblättchen oder getrockneter Thymian
- 1 Knoblauchzehe
- 100 g saure Sahne (10 % Fett)
- 4 EL geriebener Parmesan (20 g)

ca. 40 Minuten
(plus 20 Minuten Backzeit)

1. Den Quark, 3 EL Wasser, das Öl und 1 Prise Salz in einer kleinen Schüssel mit dem Schneebesen gut verrühren. Das Mehl und das Backpulver gut mischen, auf die Arbeitsfläche häufen und eine Mulde hineindrücken. Die Quarkmischung in die Mulde geben. Alle Zutaten mit den Händen zu einem glatten Teig verkneten und zu einer Kugel formen. Den Teig mit einer Schüssel abdecken und 20 Minuten ruhen lassen.

2. In der Zwischenzeit den Weißkohl putzen, halbieren und den Strunk entfernen. Den Kohl zuerst in Spalten, dann quer in feine Streifen schneiden. Die Kohlstreifen mit etwas Wasser in einen Topf geben. Topf abdecken und den Kohl ein paar Minuten kochen lassen. Er sollte auf jeden Fall noch leicht bissfest sein. Danach den Kohl in ein Sieb geben und gut abtropfen lassen.

3. Den Backofen auf 200 °C vorheizen. Das Hackfleisch in einer beschichteten Pfanne krümelig braten. Mit Salz, Pfeffer und Thymian würzen. Den Knoblauch schälen und zum Hackfleisch pressen. Alles gut verrühren.

4. Den Teig in 4 Stücke (2 größere für die Erwachsenen, 2 kleinere für die Kinder) teilen und mit einem Nudelholz auf einer leicht bemehlten Arbeitsfläche flach ausrollen. Ein Backblech mit Backpapier auslegen und die Fladen darauf legen.

5. Den gegarten Weißkohl und das Hackfleisch darauf verteilen. Die saure Sahne mit Salz und Pfeffer würzen. Den Parmesan darunter rühren. Die Saure-Sahne-Mischung mit einem Teelöffel in kleinen Klecksen auf die Fladen setzen.

6. Die Fladen etwa 20 bis 25 Minuten im Backofen backen.

Nährwerte: insges. ca. 1400 kcal / 5870 kJ / 63 g F / 140 g KH / 63 g E

Tipp

Minis sind beliebt. Deshalb für ein Fest den Teig zu handtellergroßen Fladen ausrollen und belegen. Anstelle des Weißkohls und des Hackfleischs kann man auch entkernte Tomaten und Champignons darauf legen. Die Menge reicht für etwa 12 kleine Fladen.

Quark-Öl-Teig

Der Quark-Öl-Teig ist im Vergleich zu Mürbe- oder Blätterteig, den man sonst gerne für Quiches nimmt, fettärmer. Ein weiterer Vorteil: Der Teig bietet hochwertigen pflanzlichen Ölen Platz. Am besten Rapsöl nehmen.

Pasta und Pizza

Nudelauflauf

Zutaten für 1 Familienportion

- 150 g mageres Rinderhackfleisch
- 600 g TK-Balkan-Gemüsemischung (Erbsen, Mais, rote Paprikaschoten)
- Jodsalz
- 250 g Vollkornspirelli oder andere Vollkornnudeln
- 300 ml Milch (1,5 % Fett)
- 3 Eier (Größe M)
- weißer Pfeffer
- geriebene Muskatnuss
- getrockneter Thymian
- 2 dünne Scheiben Schnittkäse (30 % Fett i.Tr. / 50 g)

ca. 20 Minuten (plus 20 Minuten Backzeit)

1. Den Backofen auf 200 °C vorheizen. In einem großen Topf reichlich Wasser für die Nudeln zum Kochen bringen.

2. In der Zwischenzeit das Hackfleisch unter Rühren in einer beschichteten Pfanne knusprig braten. Das Gemüse dazugeben und mitbraten.

3. Das kochende Wasser salzen. Die Nudeln hineingeben und 1 bis 2 Minuten kürzer als die Garzeitangabe auf der Packung garen.

4. Die Milch und die Eier verquirlen. Kräftig mit Salz, Pfeffer, Muskatnuss und Thymian würzen.

5. Die Nudeln in ein Sieb gießen und abtropfen lassen. Die Nudeln zu der Hackfleisch-Gemüse-Mischung geben und alles vermengen.

6. Das Ganze in eine flache Auflaufform geben und die Milch-Eier-Mischung darüber gießen.

7. Den Käse in dünne Streifen schneiden. Die Streifen gitterartig auf den Auflauf legen. Den Auflauf in den Ofen stellen und etwa 20 Minuten backen. Die Eiermilch sollte dann gestockt sein.

Nährwerte: insges. ca. 2080 kcal / 8730 kJ / 64 g F / 238 g KH / 135 g E

Asianudeln süß-sauer

Zutaten für 1 Familienportion
- *400 g Weißkohl*
- *2 rote Paprikaschoten (ca. 350 g)*
- *1 Knoblauchzehe*
- *2 TL Rapsöl*
- *Jodsalz*
- *250 g Dinkelspätzle*
- *3 EL süße Sojasauce*
- *1 EL Weißweinessig oder Balsamico bianco*
- *etwas Gemüsebrühe*
- *weißer Pfeffer*
- *eventuell 1 Prise Zucker*
- *2 EL fein geschnittener Schnittlauch nach Belieben*

ca. 25 Minuten

1. In einem großen Topf reichlich Wasser für die Spätzle zum Kochen bringen.

2. In der Zwischenzeit den Weißkohl putzen, halbieren und den Strunk entfernen. Den Kohl in streichholzlange, feine Streifen schneiden. Die Paprikaschoten waschen, trockenreiben und putzen, dabei das Kerngehäuse entfernen. Das Fruchtfleisch vierteln und quer in dünne Streifen schneiden. Den Knoblauch schälen.

3. Das Öl in einer großen beschichteten Pfanne oder einem Wok erhitzen. Die Kohl- und Paprikastreifen dazugeben und das Ganze unter Rühren garen. Aufpassen, dass nichts anbrennt.

4. Wenn das Wasser kocht, etwas Salz und die Spätzle hineingeben und die Spätzle nach Packungsanweisung garen.

5. Inzwischen das Gemüse weitergaren. Mit Sojasauce und dem Essig süß-sauer abschmecken. Ein wenig Gemüsebrühe dazugießen, um das Gemüse etwas sauciger zu machen.

6. Die Spätzle in ein Sieb gießen und abtropfen lassen. Mit dem Gemüse mischen und das Ganze noch einmal mit Salz, Pfeffer, Sojasauce, Essig und eventuell etwas Zucker abschmecken. Nach Belieben mit Schnittlauch bestreuen.

Nährwerte: insges. ca. 1140 kcal / 4800 kJ / 17 g F / 197 g KH / 47 g E

Variationen

Wer lieber klassische Krautnudeln mag, verzichtet auf die Sojasauce und würzt nur mit etwas Salz, Pfeffer, Brühe, Essig und Zucker. Anstelle der Dinkel-Spätzle kann man auch italienische Hartweizennudeln (z.B. Farfalle) nehmen.

Den Weißkohl kann man durch Wirsing oder im Sommer durch Spitzkohl ersetzen. Die jungen Kohl- und Wirsingköpfe im Sommer sind sehr zart und in Windeseile gar.

Anstelle des Krauts schmeckt auch eine TK-Wok-Gemüsemischung „natur" sehr gut dazu.

Blitz-Pizza

Zutaten für 1 Pizza (2 Portionen)

- 3 Tomaten
- 1 rote Paprikaschote (ca. 180 g)
- 50 g gekochter Schinken ohne Fettrand
- 1 Pizzaboden zum Belegen (250 g Fertigprodukt, bereits gebacken)
- Jodsalz, Pfeffer
- italienische Gewürzmischung (Trockenprodukt)
- ½ Kugel Mozzarella light (60 g)

ca. 20 Minuten

1. Den Backofen auf 240 °C vorheizen. Die Tomaten waschen und trockenreiben. Die Stielansätze herausschneiden und die Tomaten in dünne Scheiben schneiden.

2. Die Paprikaschote waschen, trockenreiben, halbieren und das Kerngehäuse entfernen. Die Paprikaschotenhälften in streichholzlange, dünne Streifen schneiden. Den Schinken ebenfalls in dünne Streifen schneiden.

3. Die Tomatenscheiben und die Paprikaschotenstreifen auf den Pizzaboden legen. Den Schinken darüber geben und mit Salz, Pfeffer und italienischer Gewürzmischung würzen. Den Mozzarella grob reiben und auf die Pizza streuen. Die Pizza im Ofen etwa 10 Minuten überbacken.

Nährwerte: insges. ca. 820 kcal / 1720 kJ / 12 g F / 132 g KH / 44 g E

Dazu gehört ein frischer Salat oder Knabbergemüse.

Fertiger Pizzateig

Die fertigen Pizzateigböden, die im Kühlregal angeboten werden, haben einiges an Fett zu bieten. Deshalb, wenn es schnell gehen soll, besser einen bereits gebackenen Pizzaboden nehmen. Hier gibt es Produkte, die nur aus Weizenmehl, Salz, Wasser, Hefe und Tomaten gemacht sind (Zutatenliste lesen).

Gemüsemuffins

für Kinderfeste

Zutaten für 12 Stück

- 500 g Magerquark
- 2 Eier (Größe S)
- 50 g Weichweizengrieß
- 280 g mexikanische Gemüsemischung (Dose)
- Jodsalz, weißer Pfeffer
- italienische Gewürzmischung (Trockenprodukt)
- 1 EL Öl zum Auspinseln der Muffinform

ca. 10 Minuten
plus 20 Minuten Backzeit

1. Den Backofen auf 180 °C vorheizen. Den Quark und die Eier in einer Schüssel gut verrühren. Den Grieß darunter rühren.

2. Das Gemüse gut abtropfen lassen und unter die Quarkmasse geben. Das Ganze mit Salz, Pfeffer und der italienischen Gewürzmischung kräftig abschmecken.

3. Eine Muffinform mit 12 Mulden mit Öl auspinseln. Die Quark-Grieß-Mischung hineingeben. Die Muffins in ca. 20 Minuten goldbraun backen. Am besten lauwarm servieren.

Nährwerte: pro Stück insges. ca. 80 kcal / 340 kJ / 2 g F / 7 g KH / 8 g E

Sommerpizza

Zutaten für 6 Kinderportionen

- 1 Packung Backmischung mit Hefe „Weißbrot" (für 750 g Brot)
- 400 g Tomatenfruchtfleisch in Stücken (Dose/Tetrapak)
- Jodsalz, weißer Pfeffer
- getrockneter Oregano
- je 1 rote und 1 gelbe Paprikaschote (ca. 350 g)
- 500 g vollreife Tomaten
- 1 Kugel Mozzarella light (125 g)
- 100 g geriebener Käse (30 % Fett i.Tr.)
- 1 Bund frisches Basilikum

ca. 20 Minuten
(plus 1 Stunde Gehzeit und plus 30 Minuten Backzeit)

1. Die Teig nach Packungsanweisung zubereiten und gehen lassen.

2. Den Backofen auf 220 °C vorheizen. Den Teig auf einer bemehlten Arbeitsfläche ausrollen. Ein Backblech mit Backpapier belegen und den Teig darauf legen.

3. Das Tomatenfruchtfleisch darauf verteilen und mit Salz, Pfeffer und Oregano würzen. Die Paprikaschoten waschen, trockenreiben, halbieren und das Kerngehäuse entfernen. Dann die Paprikaschoten in sehr dünne Spalten schneiden. Die Tomaten waschen und trockenreiben. Die Stielansätze herausschneiden und die Tomaten in Scheiben schneiden. Die Paprikaspalten und die Tomatenscheiben auf der Pizza verteilen.

4. Die Pizza in den Ofen schieben und 20 Minuten backen. Dann den Mozzarella darüber raspeln und den geriebenen Käse darüber streuen. Die Pizza noch einmal für etwa 10 Minuten in den Ofen geben.

5. Inzwischen das Basilikum waschen, trockentupfen und die Blätter klein zupfen. Die Pizza aus dem Ofen nehmen und mit Basilikum bestreuen.

Nährwerte: pro Portion ca. 410 kcal / 1720 kJ / 7 g F / 63 g KH / 23 g E

Käsetipp
Den Mozzarella nicht in Scheiben schneiden und darauf legen, sondern immer raspeln. Man kommt so mit viel weniger aus.

Brotteig als Pizzateig

Wer den Hefeteig nicht selbst machen will, sollte eine Backmischung für Brot nehmen. Auch die Brotbackmischungen enthalten zwar ein wenig Öl, doch weit weniger als die so genannten Pizzateigmischungen. Achten Sie auf die Nährwertangaben und nehmen Sie jene, die am wenigsten Öl pro 100 g Backmischung (2–3 g) hat.

Kartoffeln, Reis und Co.

In diesem Kapitel finden Sie Gerichte, in denen Kartoffeln, Reis und andere Getreidesorten den Ton angeben. Die meisten Kinder lieben diese Lebensmittel, und da sie von Haus aus wenig Fett enthalten, sind sie zum Sattessen geradezu ideal.

Die Kinderklassiker der Kartoffelküche heißen Pommes, Wedges, Puffer oder Rösti. Knusprig gebacken, aus der Hand in den Mund – so schmeckt's einfach gut und Spaß macht das Essen obendrein. Doch leider saugen die an und für sich schlanken Knollen dabei reichlich Fett auf und werden zu pfundigen Schwergewichten. So bringt 1 Portion Pellkartoffeln (150 g) gerade mal 105 kcal und praktisch 0 g Fett, die gleiche Menge Pommes aber schon 13 g Fett und 320 kcal mit.
Doch glücklicherweise ist die Kartoffel ausgesprochen vielseitig. Und es gibt eine ganze Reihe von leckeren Gerichten, in denen die Kartoffel mit ganz wenig Fett auskommt. So z.B. als Kartoffelbrei und -gulasch, als Knödel, Gnocchi, Schupfnudeln oder als Gratin.

Für Abwechslung auf dem Teller sorgen auch die vielen Getreidesorten, die es mittlerweile im Supermarkt gibt. Neben dem Klassiker Reis gehören dazu Zartweizen, Polentagrieß, aber auch Couscous, Hirse, Gerstengraupen oder Grünkern. Bei ihnen gilt: Der Vollkornvariante häufig den Vorzug geben, mit Gemüse kombinieren und wenig Sahne oder fettreichen Käse verwenden.

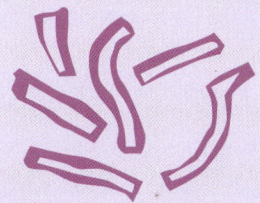

Kartoffelgratin
in würziger Creme

Zutaten für 1 Familienportion

- *700 g Kartoffeln*
- *300 g Möhren*
- *ca. 250 ml Gemüsebrühe*
- *200 g Cocktailtomaten*
- *1 gelbe Paprikaschote (ca. 180 g)*
- *400 ml Milch (1,5 % Fett)*
- *100 g Schafskäse*
- *schwarzer Pfeffer*
- *Jodsalz nach Belieben*

ca. 30 Minuten
(plus 20 Minuten Backzeit)

1. Die Kartoffeln und die Möhren waschen, schälen und in etwa 1 cm dicke Scheiben schneiden. Kartoffeln und Möhren in einen Topf geben und so viel Gemüsebrühe angießen, dass der Topfboden etwa 2 cm hoch mit Brühe bedeckt ist. Danach den Topf zudecken und das Gemüse 10 Minuten köcheln lassen.

2. In der Zwischenzeit den Backofen auf 200 °C vorheizen. Die Tomaten waschen und trockenreiben. Die Paprikaschote waschen, trockenreiben, halbieren und das Kerngehäuse entfernen. Die Paprikaschotenhälften in kleine Würfel schneiden.

3. Die Milch und den Schafskäse pürieren und die Mischung mit Pfeffer würzen. Eventuell noch etwas Salz dazugeben, doch vorher probieren, manchmal ist die Mischung durch den Schafskäse salzig genug.

4. Die Kartoffeln und die Möhren in ein Sieb geben und abtropfen lassen. Dann in eine Auflaufform geben. Die Tomaten und die Paprikaschotenwürfel dazugeben. Die Schafskäsemilch darüber gießen. Die Auflaufform in den vorgeheizten Ofen schieben und das Gratin etwa 20 Minuten backen. Die Kartoffeln und die Möhren sollten dann gar sein und die Flüssigkeit aufgesogen haben.

Nährwerte: insges. ca. 1090 kcal / 4570 kJ / 28 g F / 149 g KH / 53 g E

Dazu einen bunten Salat servieren.

Variationen

2 dünne Scheiben gekochten Schinken (40 g) klein würfeln und darunter geben.
Das Gratin nur aus Kartoffeln zubereiten und zusammen mit einem großen bunten Salatteller servieren.
Anstelle der Möhren dünne Kürbis- oder Kohlrabischeiben nehmen.
Wer keinen Schafskäse mag, nimmt nur Milch und würzt sie kräftig mit Salz, Pfeffer und geriebener Muskatnuss. Etwas Hartkäse zum Schluss darüber reiben.
Man kann die Kartoffeln und die Möhren auch bereits in ein wenig von der Milch vorgaren. Dadurch verringert sich die Backzeit.

Kartoffelwedges mit Paprikadip

kinderleicht

für Kinderfeste

Zutaten für 1 Familienportion

Für die Kartoffeln:
- 900 g Kartoffeln
- 1 EL Rapsöl
- 1 TL mildes Paprikapulver
- Jodsalz

Für den Dip:
- 250 g Magerquark
- 100 bis 150 ml Milch (1,5 % Fett)
- 1 TL süßer Senf
- 1 EL Salatcreme mit fettarmem Joghurt (11 % Fett)
- 1 rote Paprikaschote (ca. 180 g)
- Jodsalz, Pfeffer

ca. 30 Minuten

1. Den Backofen auf 180 °C vorheizen.

2. Die Kartoffeln sehr gründlich waschen, in Viertel schneiden und in eine Schüssel geben. Das Öl und das Paprikapulver darüber geben und alles mit den Händen mischen, so dass alle Kartoffelschnitze mit Paprika und Öl überzogen sind. Ein Backblech mit Backpapier auslegen.

3. Die Kartoffelschnitze auf das Backblech legen, sie sollten nebeneinander und nicht übereinander liegen. In den Backofen (Mitte) schieben und 25 Minuten backen. Dabei die Kartoffeln nach der Hälfte der Zeit wenden.

4. In der Zwischenzeit den Quark und die Milch mit einem Schneebesen cremig rühren. Den Senf und die Salatcreme darunter rühren.

5. Die Paprikaschote waschen, trockenreiben, halbieren und das Kerngehäuse entfernen. Die Paprikaschotenhälften in sehr kleine Würfel schneiden und unter den Quark geben. Den Dip mit Salz und Pfeffer würzen.

6. Die Kartoffeln salzen und zusammen mit dem Dip servieren. Die Schnitze nimmt man entweder in die Hand oder spießt sie auf die Gabel oder ein kleines Spießchen und dippt sie in die Quarkcreme.

Nährwerte: insges. ca. 1040 kcal / 4360 kJ / 16 g F / 156 g KH / 59 g E

Tipp
Diese Kartoffelspalten sind schnell gemacht und eine gute Alternative zu Pommes, die fettreicher sind.

Nicht zu heiß grillen, braten und backen!

Und das aus gutem Grund. Denn bei Temperaturen über 180 °C wird vor allem in kohlenhydratreichen Lebensmitteln wie Kartoffeln und Getreide Acrylamid gebildet. Dieser Stoff ist wahrscheinlich krebserregend und schädigt das Erbgut. Deshalb Kartoffeln nur vorsichtig braten. Sie sollten nicht zu braun, sondern nur golden werden.

Kartoffel-Kohlrabi-Würfel

Zutaten für 1 Familienportion

- 800 g Kartoffeln
- 4 mittelgroße Kohlrabi (ca. 1 kg)
- 1 Zwiebel
- 1 Knoblauchzehe
- 2 TL Butter
- ca. 700 ml Gemüsebrühe
- 1 EL Sahne
- 1 gehäufter EL frisch geriebener Parmesan (ca. 10 g)
- 1 EL fein geschnittene Blattpetersilie nach Belieben

 ca. 30 Minuten

1. Die Kartoffeln waschen, schälen und in kleine Würfel (0,5 bis 1 cm) schneiden. Die Kohlrabi ebenfalls schälen und in kleine Würfel von derselben Größe schneiden. Die Zwiebel schälen und fein hacken. Die Knoblauchzehe schälen.

2. Die Butter in einem beschichteten Topf erhitzen. Die Zwiebel in die Butter geben und die Knoblauchzehe dazupressen. Beides unter Rühren glasig dünsten. Die Kartoffeln dazugeben, in der Zwiebel-Butter-Mischung schwenken. Dann etwa 500 ml Brühe angießen. Die Kartoffeln bei mittlerer Hitzezufuhr etwa 10 Minuten kochen lassen.

3. Die Kohlrabiwürfelchen dazugeben und je nach Bedarf noch die restliche Brühe angießen. Das Ganze sollte nicht trocken werden, darf aber auch nicht suppig sein. Die Kohlrabi zusammen mit den Kartoffeln etwa 5 Minuten garen. Dann sollte das Gemüse gar sein.

4. Zum Schluss die Sahne unterrühren. Das Kartoffelgericht mit Parmesan bestreuen und anrichten. Nach Belieben mit fein geschnittener Petersilie bestreuen.

Nährwerte: insges. ca. 1010 kcal / 4230 kJ / 19 g F / 160 g KH / 43 g E

Dazu einen bunten Salat reichen.

Tipp
Nur wenn die Kartoffeln und die Kohlrabi wirklich klein geschnitten sind, werden sie in kurzer Zeit gar und verbinden sich harmonisch. Das Gericht ähnelt ein wenig den beliebten Béchamelkartoffeln, das aber meist mit viel Sahne und Butter zubereitet wird.

Variation
Wer mag, kann 2 Scheiben gekochten Schinken in kleine Würfel schneiden und zum Schluss unter die Kartoffel-Kohlrabi-Mischung ziehen

Kartoffel-Warenkunde

Fest kochend, überwiegend fest kochend oder mehlig kochend können die verschiedenen Kartoffelsorten sein. Die Bezeichnungen beschreiben die Kocheigenschaften. Deshalb nicht „eine für alles" nehmen, sondern besser gezielt auswählen und verschiedene Kartoffelsorten ausprobieren. Fest kochende Kartoffeln, zu denen z.B. Nicola oder Cilena gehören, eignen sich am besten für Kartoffelsalat, aber auch für das Kartoffelgulasch. Sie bleiben beim Kochen in Form. Die mehlig kochenden, wie die Sorte Adretta, nimmt man für Kartoffelbrei oder für Klöße. Sie zerfallen leicht. Eine überwiegend fest kochende Kartoffel, wie Granola oder Quarta, ist als Pell- und Salzkartoffel ideal oder auch für ein Kartoffelgratin geeignet.

Kartoffelgulasch

Zutaten für 1 Familienportion
- 800 g Kartoffeln (fest kochend)
- 200 g Möhren
- 1 Zwiebel
- 1 Knoblauchzehe
- 2 EL Rapsöl
- 2 TL mildes Paprikapulver
- 2 TL Tomatenmark
- 500 ml Gemüsebrühe
- 300 g TK-Balkan-Gemüsemischung (Erbsen, Mais, rote Paprikaschoten)
- 250 g Kidneybohnen (Dose)
- Jodsalz, Pfeffer
- 1 EL fein gehackte Petersilie oder frische Thymianblättchen nach Belieben

ca. 30 Minuten

1. Die Kartoffeln waschen, schälen und in etwa 1 cm große Würfel schneiden. Die Möhren ebenfalls waschen, schälen und grob raspeln. Die Zwiebel und die Knoblauchzehe schälen. Die Zwiebel hacken.

2. Das Öl erhitzen. Die Zwiebel und die Möhrenraspel darin unter Rühren andünsten. Die Knoblauchzehe durch die Knoblauchpresse dazudrücken. Alles so lange dünsten, bis die Zwiebel glasig ist.

3. Das Paprikapulver und das Tomatenmark darunter rühren und kurz anschwitzen. Die Kartoffelwürfel dazugeben und die Gemüsebrühe dazugießen. Das Ganze zum Kochen bringen, die Hitzezufuhr reduzieren und die Kartoffeln etwa 8 Minuten köcheln lassen. Darauf achten, dass sie nicht verkochen und breiig werden. Sie müssen bissfest bleiben.

4. Die TK-Gemüsemischung und die Kidneybohnen dazugeben. Alles gut durchrühren und das Kartoffelgulasch weitere 5 Minuten kochen lassen.

5. Das Kartoffelgulasch mit Salz und Pfeffer abschmecken und nach Belieben mit den Kräutern bestreuen.

Nährwerte: insges. ca. 1210 kcal / 5080 kJ / 26 g F / 191 g KH / 47 g E

Variationen

Anstelle der roten Bohnen kann man auch weiße Bohnen oder Kichererbsen nehmen.
Die Tiefkühl-Gemüsemischung kann durch jedes andere Gemüse ersetzt werden. Bei frischem Gemüse auf die eventuell längeren Garzeiten achten.

Kartoffelpuffer

Kartoffelpuffer, Bratkartoffeln und Rösti zählen zu den Kartoffelzubereitungen, die sehr viel Fett aufnehmen. Aus diesem Grund sind sie für Groß und Klein, die gegen ihre Pfunde kämpfen, nicht zu empfehlen. Die Puffer aus der Tüte kann man jedoch auch in ganz wenig Öl braten. Unabdingbar ist allerdings eine beschichtete Pfanne, die sie mit wenig (!) Öl auspinseln oder aussprühen. So werden die Pfuffer knusprig, ohne viel Fett zu saugen.

Puffer-Ufos mit Gurken-Apfel-Quark

Zutaten für 1 Familienportion

Für die Puffer:
- 1 Packung Kartoffelpufferteig für 650 ml Flüssigkeit
- 1 EL Öl

Für den Kräuterquark:
- 500 g Magerquark
- etwas Mineralwasser
- 1 Bund Schnittlauch
- 1/2 Salatgurke (300 g)
- 1 kleiner Apfel (100 g)
- Saft von 1/2 Zitrone
- Jodsalz, weißer Pfeffer
- 1 TL milder Senf
- mildes Paprikapulver

ca. 30 Minuten

1. Den Kartoffelpufferteig nach Packungsanweisung anrühren und quellen lassen.

2. In der Zwischenzeit den Magerquark in eine Schüssel geben und mit etwas Mineralwasser cremig rühren. Den Schnittlauch waschen, trockentupfen, mit der Schere klein schneiden und zum Quark geben.

3. Die Salatgurke schälen, längs halbieren und die Kerne mit einem Teelöffel entfernen. Die Gurke in kleine Stückchen schneiden. Den Apfel waschen, trockenreiben, halbieren und das Kerngehäuse entfernen. Anschließend das Fruchtfleisch in kleine Stückchen schneiden oder grob raspeln. Die Salatgurke und den Apfel zum Quark geben. Alles gut mischen und mit Zitronensaft, Salz, Pfeffer, Senf und Paprikapulver abschmecken.

4. Eine mittelgroße beschichtete Pfanne mit Öl auspinseln und erhitzen. Etwa 1/4 der Kartoffelmasse hineingeben, dünn verstreichen. Es sollte ein großer, dünner Puffer entstehen. Den Puffer bei mittlerer Hitze knusprig braten. Anschließend wenden und auf der zweiten Seite braten. Den fertig gebratenen Puffer herausnehmen, warm halten und die restlichen Puffer braten.

5. Die Puffer zusammen mit dem Quark servieren.

Nährwerte: insges. ca. 1230 kcal / 5200 kJ / 13 g F / 192 g KH / 81 g E

Dazu einen Salat oder Knabbergemüse essen.

Puffer mit Apfelmus

Kartoffelpuffer mit Apfelmus ist bei Kindern beliebt. Allerdings kommt dann die Gemüsekomponente etwas zu kurz. Am besten vor den Puffern einen bunten Salat oder eine Gemüsesuppe essen oder ein wenig mehr Knabbergemüse zu den kalten Mahlzeiten reichen.

Kartoffelgnocchi mit Champignonsauce

Zutaten für 1 Familienportion

- Jodsalz
- 1 Zwiebel
- 600 g Champignons
- 4 Tomaten
- 2 Scheiben gekochter Schinken (80 g)
- 1 EL Butter
- 2 TL Speisestärke
- 1 EL süße Sahne
- italienische Gewürzmischung (Trockenprodukt)
- 800 g Kartoffelgnocchi (Fertigprodukt)
- 2 EL fein geschnittenes Basilikum nach Belieben

 ca. 30 Minuten

1. Reichlich Wasser zum Kochen bringen und salzen.

2. In der Zwischenzeit die Zwiebel schälen und hacken. Die Champignons mit einem feuchten Küchentuch abreiben, putzen und in dünne Scheiben schneiden. Die Tomaten waschen, trockenreiben und den grünen Stielansatz herausschneiden. Die Tomaten in Spalten schneiden. Den Schinken in kleine Würfel schneiden.

3. Die Butter in einer beschichteten Pfanne erhitzen. Die Zwiebel und den Schinken darin unter Rühren andünsten. Die Zwiebel sollte dabei glasig werden. Die Hitzezufuhr erhöhen, die Champignons dazugeben und alles unter Rühren scharf braten. Die Champignons sollten kein Wasser ziehen. Wenn doch, die Pilze so lange weiterbraten, bis die ausgetretene Flüssigkeit wieder eingekocht ist.

4. Die Tomaten dazugeben und kurz mitdünsten.

5. Das Gemüse mit Speisestärke bestreuen, gut verrühren und 200 ml Wasser angießen. Alles unter Rühren kurz aufkochen, bis das Gemüse gebunden ist. Die Sahne darunter rühren. Das Gemüse mit italienischer Gewürzmischung abschmecken.

6. Die Gnocchi ins heiße Wasser geben und nach Packungsanweisung kochen. Anschließend herausnehmen und zusammen mit der Sauce servieren. Nach Belieben mit Basilikum bestreuen.

Nährwerte: insges. ca. 1900 kcal / 7950 kJ / 46 g F / 284 g KH / 83 g E

Tipps

Man muss das Gemüse nicht binden. Wer keine Sauce braucht, gibt die gebratene Pilz-Tomaten-Mischung über die Gnocchi und streut ein klein wenig Parmesan darüber.

Ein schnelles Mittagessen

Gnocchi wie auch Schupfnudeln sind für Kinder ideal, die mittags allein kochen. Sie sind schnell gar, schmecken gut und enthalten nicht viel Fett. Rechnen Sie etwa 150 bis 170 g Gnocchi pro Kinderportion. Gnocchi können mit Gemüse kombiniert werden. Doch wenn Kinder aus der Schule kommen, muss es meist schnell gehen. Stellen Sie eine einfache Tomatensauce bereit. Zum Knabbern vorweg gibt's kleine Gemüsestücke, die in einer gut verschließbaren Dose im Kühlschrank stehen.

Blumenkohlcurry mit Reis

Zutaten für 1 Familienportion

- Jodsalz
- 700 g Blumenkohlröschen
- 4 Frühlingszwiebeln
- 1 Knoblauchzehe
- 250 g Vollkornreis im Kochbeutel
- 1 EL Öl
- 2 TL mildes Currypulver
- 100 ml Kokosmilch

 ca. 20 Minuten

1. Reichlich Wasser zum Kochen bringen, dann salzen. Inzwischen die Blumenkohlröschen waschen. In gleich große, etwa walnussgroße Röschen zerteilen. Die Frühlingszwiebeln putzen, waschen und trockentupfen. Dann in breite Ringe schneiden. Die Knoblauchzehe schälen.

2. Den Reis in das Wasser geben und nach Packungsanweisung garen. Inzwischen das Öl in einem beschichteten Topf erhitzen. Die Frühlingszwiebel darin andünsten, die Knoblauchzehe dazupressen. Das Currypulver darüber stäuben und anschwitzen. Das Ganze mit Kokosmilch und 200 ml Wasser ablöschen.

3. Die Blumenkohlröschen hineingeben. Den Topf schließen und den Blumenkohl 7 bis 10 Minuten garen. Zum Schluss mit Jodsalz abschmecken.

4. Den Reis aus dem Beutel nehmen und das Blumenkohlcurry darauf anrichten.

Nährwerte: insges. ca. 1160 kcal / 4850 kJ / 17 g F / 208 g KH / 36 g E

Schupfnudeln
mit Lauch-Apfel-Gemüse

Zutaten für 1 Familienportion

- 400 g Lauch
- 200 g Champignons
- 1 1/2 Äpfel (ca. 200 g)
- 1 1/2 EL Rapsöl
- 700 g Schupfnudeln (Fertigprodukt)
- Jodsalz
- weißer Pfeffer

 ca. 30 Minuten

1. Den Lauch putzen, waschen und trockenreiben. Die Lauchstangen in etwa 1/2 cm dicke Ringe schneiden. Die Champignons mit einem feuchten Küchentuch abreiben, anschließend die Stiele kürzen und die Pilze in dünne Scheiben schneiden. Die Äpfel waschen, trockenreiben, halbieren und das Kerngehäuse entfernen. Die Apfelhälften schälen und klein schneiden.

2. Eine große beschichtete Pfanne mit etwas Öl auspinseln und erhitzen. Die Schupfnudeln dazugeben und bei mittlerer Hitze von allen Seiten leicht goldbraun braten.

3. Gleichzeitig in einer zweiten beschichteten Pfanne oder einem beschichteten Topf das restliche Öl erhitzen. Den Lauch und die Champignons dazugeben und unter ständigem Rühren bei starker Hitze braten. Aufpassen, dass die Champignons nicht zu viel Wasser ziehen. Dabei das Gemüse ständig wenden.

4. Den Apfel dazugeben, die Hitze reduzieren und den Apfel andünsten. Das Lauch-Champignon-Apfel-Gemüse mit Salz und Pfeffer würzen. Zusammen mit den gebratenen Schupfnudeln anrichten.

Nährwerte: insges. ca. 1430 kcal / 6030 kJ / 27 g F / 252 g KH / 44 g E

Kartoffel-Brokkoli-Auflauf

Zutaten für 1 Familienportion

- 800 g Kartoffeln
- 600 g TK-Brokkoli
- 4 hauchdünne Scheiben roher Schinken (40 g)
- 3 Eier (Größe M)
- 300 ml Milch (1,5 % Fett)
- Jodsalz
- weißer Pfeffer
- geriebene Muskatnuss
- 40 g geriebener Käse (30 % Fett i.Tr.)

ca. 25 Minuten (plus 25 Minuten Backzeit)

1. Den Backofen auf 200 °C vorheizen.

2. Die Kartoffeln gut waschen, schälen und in 2 bis 3 cm große Würfel schneiden. Die Kartoffeln in einen Topf geben, wenig Wasser dazugeben und etwa 10 Minuten kochen. Anschließend in ein Sieb gießen und abtropfen lassen.

3. Die Kartoffeln in eine Auflaufform geben. Die Brokkoliröschen mit dem Stiel nach unten zwischen den Kartoffelstücken verteilen. Den Schinken in Stücke schneiden und darauf verteilen.

4. Die Eier verquirlen und die Milch darunter schlagen. Den Guss mit Salz, Pfeffer und Muskatnuss kräftig abschmecken. Den Guss über das Gemüse geben und den Auflauf mit dem geriebenen Käse bestreuen.

5. Den Auflauf in den Backofen schieben und 20 bis 25 Minuten backen. Der Eierguss sollte dann gestockt sein.

Nährwerte: insges. ca. 1380 kcal / 5780 kJ / 37 g F / 165 g KH / 91 g E

Pfannkuchen nach Indianerart

Zutaten für 1 Familienportion

- 200 g Vollkorndinkelmehl
- 2 TL Backpulver
- 300 g Gemüsemais (Dose)
- 500 ml Buttermilch
- 2 Eier (Größe M)
- 1 Prise Jodsalz
- 1 ½ EL Rapsöl

 ca. 30 Minuten

1. Das Mehl und das Backpulver mischen. Den Gemüsemais gut abtropfen lassen. Die Buttermilch, die Eier und den Gemüsemais mischen, dann alles mit dem Pürierstab mixen. Die Mischung mit Jodsalz würzen. Das Mehl-Backpulver-Gemisch darunter ziehen.

2. Etwas Öl in eine große beschichtete Pfanne geben, gut verteilen und erhitzen.

3. Den Pfannkuchenteig in kleinen Häufchen in die heiße Pfanne geben. Die Pfannkuchen sollten etwa handtellergroß sein. Die Pfannkuchen von beiden Seiten goldbraun backen. Die Küchlein aus der Pfanne nehmen, warm stellen und den restlichen Teig ausbacken.

Nährwerte: insges. ca. 1410 kcal / 5954 kJ / 40 g F / 196 g KH / 63 g E

Dazu einen großen Salat servieren.

 Pancakes ...

... heißen die Pfannkuchen im Land, in dem Buffalo Bill und Mickey Mouse zu Hause sind. Sie sind bei Kindern und Erwachsenen beliebt. Hier eine Variante, die weniger Eier und Buttermilch statt Milch enthält. Zum Ausbacken eine beschichtete Pfanne und sehr wenig Fett nehmen. Die Pfannkuchen sind weder süß noch salzig. So kann man sie zusammen mit einem bunten Salat als herzhaftes Hauptgericht reichen, mit Apfelmus oder Obstsalat werden sie zum süßen Hauptgericht.

Blinis

Die kleinen Pfannküchlein ähneln den russischen Blinis, die aus Buchweizenmehl gemacht und durch Hefe locker werden. Wer sie gerne probieren möchte, nimmt statt des Backpulvers 1 TL Trockenhefe und ersetzt die Hälfte des Mehls durch feines Buchweizenmehl. Der Teig muss allerdings ca. 30 Minuten gehen. Noch lockerer wird er, wenn man Eigelb und Eiweiß trennt und das steif geschlagene Eiweiß erst kurz vor dem Ausbacken unter den Teig zieht. Den Gemüsemais kann man auch weglassen.

Kartoffelsalat

für Kinderfeste

Zutaten für 1 Familienportion
- 750 g fest kochende Kartoffeln
- Jodsalz
- 300 g Joghurt (1,5 % Fett)
- 1 1/2 EL süßer Senf
- 1 1/2 EL Balsamico bianco
- schwarzer Pfeffer
- 1/2 Bund Schnittlauch
- 8 Cocktailtomaten

ca. 40 Minuten
(plus Zeit zum Abkühlen und Durchziehen)

1. Die Kartoffeln waschen und in der Schale in Salzwasser je nach Größe 15 bis 25 Minuten nicht zu weich kochen, abgießen und abkühlen lassen.

2. Den Joghurt, den Senf und den Essig gut miteinander verrühren. Das Dressing kräftig mit Salz und Pfeffer abschmecken. Den Schnittlauch waschen, trockentupfen, in Röllchen schneiden und untermischen.

3. Die Kartoffeln schälen, halbieren oder vierteln, in Scheiben schneiden und mit dem Dressing mischen. Die Tomaten waschen, trockenreiben, in Würfel schneiden und vorsichtig unter den Salat heben. Den Kartoffelsalat 1 bis 2 Stunden durchziehen lassen und nicht zu kalt servieren.

Nährwerte: insges. ca. 750 kcal / 3160 kJ / 8 g F / 134 g KH / 29 g E

Tipp
Kartoffelsalate sind eine gute Beilage zu gegrilltem Fleisch oder Frikadellen. Doch oft werden sie mit Mayonnaise oder reichlich Salatcreme gemischt und werden dann wahre Fettbomben. Besser sind Dressings mit fettarmem Joghurt oder ein Dressing aus Brühe, wenig Öl und mildem Essig.

Rizucki

Zutaten für 1 Familienportion

Für den Zucchinireis:
- 1 Zwiebel
- 2 TL Butter
- 250 g Risottoreis
- 900 ml Geflügel- oder Gemüsebrühe
- Jodsalz
- 300 g Zucchini

Für die Gemüsebegleitung:
- 300 g Champignons
- 1 EL Olivenöl
- 1 EL Sahne
- Jodsalz, Pfeffer
- frische Thymianblättchen oder getrockneter Thymian

ca. 30 Minuten

1. Die Zwiebel schälen und in feine Würfel schneiden. Die Butter in einem beschichteten Topf schmelzen und die Zwiebel darin bei mittlerer Hitze andünsten, bis sie glasig ist.

2. Den Reis dazugeben und unter Rühren glasig werden lassen. Nun ein wenig Brühe dazugeben und den Reis bei mittlerer Hitze garen, bis er die Brühe aufgenommen hat. Dann wieder etwas Brühe dazugießen und so fortfahren, bis der Reis cremig, gar, aber innen noch ein wenig Biss hat. Zwischendurch etwas salzen.

3. Während der Reis gart, die Zucchini waschen und grob raspeln. Die Champignons mit einem feuchten Küchentuch abreiben, die Stiele etwas kürzen und die Pilze in Scheiben schneiden. Das Öl erhitzen und danach die Champignons bei großer Hitze braten. Dabei ab und zu wenden.

4. Die Zucchiniraspel unter den fast fertig gegarten Reis geben und kurz erwärmen. Den Reis nochmals würzen.

5. Die Pilze mit der Sahne verrühren und mit Salz, Pfeffer und Thymian abschmecken. Die Pilze zusammen mit dem Zucchinireis anrichten.

Nährwerte: insges. ca. 1200 kcal / 5070 kJ / 28 g F / 205 g KH / 33 g E

Reis auf Sultans Art

Zutaten für 1 Familienportion

- 4 dünne Lauchstangen (nur den weißen und hellgrünen Teil verwenden; 300 g)
- 300 g schlanke Möhren
- 1 gelbe Paprikaschote (ca. 180 g)
- 1 EL Olivenöl
- 250 g Vollkornreis
- 1 Zitrone (unbehandelt)
- 800 ml Gemüsebrühe
- schwarzer Pfeffer, Jodsalz
- 1 Prise Kreuzkümmel
- 2 EL fein gehackte Petersilie nach Belieben

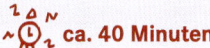 ca. 40 Minuten

1. Den Lauch putzen, waschen und trockenreiben. Die Stangen schräg in 2 cm lange Stücke schneiden. Die Möhren waschen, schälen und ebenfalls schräg in 2 cm lange Stücke schneiden. Die Paprikaschote waschen, trockenreiben, halbieren und das Kerngehäuse entfernen. Jede Hälfte vierteln und die Viertel quer in breite Streifen schneiden.

2. Das Öl in einem beschichteten Topf erhitzen. Den Lauch und die Möhren darin andünsten, sie sollten aber nicht braun werden. Dann die Paprikastücke dazugeben und mitdünsten. Den Reis dazugeben und anschwitzen.

3. Die Zitrone mit heißem Wasser abwaschen und trockenreiben. Etwa 1/4 der Schale abreiben und zum Reis geben. Dann die Zitrone halbieren, eine Hälfte auspressen und den Saft ebenfalls zum Reis geben. Die Gemüsebrühe dazugießen.

4. Alles mit Pfeffer, Salz und etwas Kreuzkümmel würzen. Das Ganze aufkochen lassen, den Topf abdecken und das Reis-Gemüse-Gemisch etwa 20 Minuten bei geringer Hitzezufuhr köcheln. Dabei quillt der Reis aus und die Gemüsestücke werden gar. Nach Belieben vor dem Servieren mit Petersilie bestreuen.

Nährwerte: insges. ca. 1230 kcal / 5130 kJ / 21 g F / 222 g KH / 32 g E

Paella-Reis

für Kinderfeste

Zutaten für 1 Familienportion
- je 1 rote und gelbe Paprikaschote (ca. 300 g)
- 200 g Zucchini
- 1 Zwiebel
- 1 Knoblauchzehe
- 150 g Putenschnitzel
- 1 EL Olivenöl
- 250 g Langkornreis
- 1 Prise Safran
- 500 ml kräftige Gemüsebrühe
- 150 g Kabeljau- oder Rotbarschfilet
- 200 g grüne Bohnen (TK-Ware)
- unbehandelte Zitrone nach Belieben

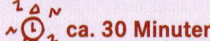 ca. 30 Minuten

1. Die Paprikaschoten waschen, trockenreiben und halbieren. Die Kerngehäuse entfernen und das Fruchtfleisch in kleine Würfel schneiden. Die Zucchini waschen, trockenreiben und ebenfalls in kleine Würfel schneiden. Die Zwiebel und die Knoblauchzehe schälen. Die Zwiebel fein hacken. Das Putenschnitzel in große Würfel schneiden.

2. Das Öl in einer großen beschichteten Pfanne erhitzen. Das Fleisch darin von allen Seiten anbraten. Die Zwiebel und die Paprikaschotenwürfel dazugeben, die Knoblauchzehe dazupressen und kurz andünsten.

3. Den Reis dazugeben und mitdünsten. Dann den Safran unterrühren. Der Reis beginnt, sich gelb zu färben. Etwa 250 ml Gemüsebrühe angießen und das Ganze 10 Minuten köcheln.

4. Inzwischen den Fisch in große Würfel schneiden.

5. Die Zucchini und die Bohnen unter den Reis mischen. Die restliche Brühe dazugießen und alles weitere 5 Minuten köcheln lassen.

6. Den Fisch auf den Reis legen, die Pfanne schließen und den Fisch etwa 5 Minuten mitgaren. Nun sollte der Reis die gesamte Brühe aufgenommen haben. Nach Belieben mit Zitronenschnitzen garnieren.

Nährwerte: insges. ca. 1430 kcal / 6010 kJ / 17 g F / 224 g KH / 91 g E

Chinesischer Reis

Zutaten für 1 Familienportion

- 250 g Langkorn-Vollkornreis im Kochbeutel
- Jodsalz
- 150 g Schweineschnitzel
- 200 g Champignons
- 200 g Möhren
- 200 g Lauch
- 2 EL Rapsöl
- 150 g TK-Erbsen (oder frische Erbsen, blanchiert)
- 1 TL mildes Currypulver
- schwarzer Pfeffer
- etwas milde Sojasauce

 ca. 30 Minuten

1. Den Reis in reichlich Salzwasser nach Packungsanweisung garen.

2. In der Zwischenzeit das Schnitzelfleisch in sehr feine Streifen schneiden.

3. Die Champignons mit einem feuchten Küchentuch abreiben und die Stiele etwas kürzen. Dann die Pilze je nach Größe halbieren und in feine Streifen schneiden. Die Möhren waschen, schälen und in dünne Scheiben schneiden. Den Lauch putzen, waschen und trockenreiben. Die Stange längs halbieren und ebenfalls in feine Streifen schneiden.

4. Das Öl in einer beschichteten großen Pfanne erhitzen. Zuerst das Schweineschnitzel darin anbraten. Dann die Möhren dazugeben und mitbraten. Wenn sie etwas weich geworden sind, die Champignons und den Lauch dazugeben und alles unter Rühren braten.

5. In der Zwischenzeit den Reis in ein Sieb gießen und sehr gut abtropfen lassen.

6. Die Erbsen zum Gemüse geben und mitbraten. Das Gemüse mit Currypulver, Salz und Pfeffer würzen.

7. Den Reis dazugeben und wieder alles unter Rühren kräftig braten. Zum Schluss mit Sojasauce würzen.

Nährwerte: insges. ca. 1460 kcal / 6090 kJ / 30 g F / 221 g KH / 71 g E

Vollkornreis

Der ungeschälte braune Reis hat mehr Vitamine, Mineralstoffe und Ballaststoffe als der helle geschälte Reis. Er sättigt gut und liefert lange Energie. Da er auch kräftiger schmeckt, passt er vor allem zu herzhaft gewürzten Gerichten.

Polentanocken
in roter Paprikaschotensauce

Zutaten für 1 Familienportion

Für die Polenta:
- 1 l Gemüsebrühe
- 250 g Polenta (Maisgrieß)

Für die Sauce:
- 4 rote Paprikaschoten (ca. 700 g)
- 1 Zwiebel
- 2 Knoblauchzehen
- 1 EL Olivenöl
- 200 ml Gemüsebrühe
- Jodsalz, schwarzer Pfeffer
- Cayennepfeffer nach Belieben
- etwas Blattpetersilie

 ca. 30 Minuten

1. Die Gemüsebrühe am besten in einem beschichteten Topf zum Kochen bringen. Den Maisgrieß unter Rühren hineinrieseln lassen. Den Topf schließen und den Maisgrieß in 10 bis 15 Minuten ausquellen lassen. Dabei mehrmals durchrühren, damit er nicht am Topfboden anhängt.

2. Inzwischen die Paprikaschoten waschen, trockenreiben, halbieren und das Kerngehäuse entfernen. Das Fruchtfleisch in Würfel schneiden. Die Zwiebel schälen und klein würfeln. Die Knoblauchzehen schälen.

3. Das Olivenöl in einer beschichteten Pfanne erhitzen. Die Zwiebel und die Paprikaschotenwürfel hineingeben und unter Rühren andünsten. Die Knoblauchzehen dazupressen. Die Gemüsebrühe angießen und die Paprikaschoten etwa 10 Minuten dünsten.

4. Das Paprikagemüse in eine hohe Kunststoffrührschüssel geben und mit einem Pürierstab fein pürieren. Die Sauce kräftig mit Salz, Pfeffer und nach Belieben einem Hauch Cayennepfeffer abschmecken.

5. Auf jeden Teller etwas Sauce geben. Die Polenta in großen Nocken hineinsetzen und mit Blattpetersilie garnieren.

Nährwerte: insges. ca. 1210 kcal / 5090 kJ / 19 g F / 212 g KH / 35 g E

Tipp
Wer lieber gedünstetes Gemüse zu den Polentanocken isst, gibt etwas weniger Brühe zu den Paprikaschoten und püriert sie nicht.

Gemüsesauce

Gemüsesaucen sind eine gute Alternative zu fetten Sahnesaucen. Anstelle der Paprikaschoten kann man auch Zucchini nehmen. Wichtig ist, die Saucen kräftig abzuschmecken. Wer mag, kann noch fein gehackte Kräuter darunter geben.

Bunter Kullerweizen

kinderleicht

Zutaten für 1 Familienportion
- 2 Zucchini (500 g)
- 1 orangefarbene Paprikaschote (ca. 180 g)
- 1 Zwiebel
- Jodsalz
- 200 g Zartweizen
- 1 EL Öl
- 2 TL milder Senf
- weißer Pfeffer
- 2 EL Sahne nach Belieben

ca. 25 Minuten

1. In einem großen Topf reichlich Wasser zum Kochen bringen. Inzwischen das Gemüse waschen und trockenreiben. Von der Zucchini die Spitze und den Stielansatz abschneiden und die Zucchini in kleine Würfel schneiden. Die Paprikaschote putzen, halbieren und das Kerngehäuse entfernen. Das Fruchtfleisch klein würfeln. Die Zwiebel schälen und fein hacken.

2. Das kochende Wasser salzen. Den Zartweizen hineingeben und 10 Minuten kochen.

3. Inzwischen das Öl in einer beschichteten Pfanne erhitzen. Die Paprikaschote und die Zwiebel darin andünsten. Dann die Zucchini dazugeben und mitdünsten.

4. Den weichen Zartweizen in ein Sieb gießen, abtropfen lassen. Dann zum Gemüse geben. Alles mit Senf, Salz und Pfeffer würzen und gut mischen. Nach Belieben mit etwas Sahne verfeinern.

Nährwerte: insges. ca. 1030 kcal / 4360 kJ / 26 g F / 162 g KH / 36 g E

Zartweizen

Dies ist ein relativ neues Getreideprodukt. Es handelt sich dabei um geschälten Hartweizen, also dasselbe Getreide, das das Mehl für die italienischen Nudeln liefert. Die Weizenkörner sind im Handumdrehen gar.

Allerlei mit Fisch und Fleisch

Fisch und Fleisch sind wertvolle Lebensmittel, denn in ihnen stecken hochwertiges Eiweiß und viele Vitamine und Mineralstoffe, wie z.B. das Eisen. Seefische versorgen uns außerdem mit Jod und die fettreicheren Sorten wie Makrele oder Lachs mit wertvollen Omega-3-Fettsäuren. Bereits bei kleinen Portionen kommen Sie in den Genuss dieser Vorzüge. In der Woche 2 bis 3 Mahlzeiten mit Fleisch plus 1 Fischmahlzeit, so lautet die Empfehlung.

Wichtig beim Fleischeinkauf: Aufs Fett achten. Nehmen Sie magere Fleischstücke, wie Schweineschnitzel, Hähnchenbrustfilet oder Rindfleisch aus der Nuss. Die in der schnellen Kinderküche beliebten Bratwürste oder Wiener Würstchen bestehen dagegen zu rund einem Viertel aus Fett. Hier werden sie deshalb gegen mageres Rinderhackfleisch, das ebenfalls nur kurze Zeit zum Garen braucht, ausgetauscht.

Die meisten Kinder ziehen kleine Fleisch- und Fischstücke in Sauce großen Braten vor. Mischen Sie reichlich Gemüse unter, das sorgt für Farbe, Geschmack, viele Vitamine und Mineralstoffe.

Fischsonne rot-grün

Zutaten für 1 Familienportion

- 350 g Zucchini
- 1 Zwiebel
- 1 Knoblauchzehe
- 1 EL Rapsöl
- 400 g Tomatenfruchtfleisch in Stücken (Dose/Tetrapak)
- Jodsalz
- italienische Gewürzmischung (Trockenprodukt)
- 3 EL süße Sahne
- 1 Zitrone (unbehandelt)
- 500 g Kabeljaufilet
- Pfeffer

 ca. 30 Minuten

1. Die Zucchini waschen, trockenreiben und die Enden knapp abschneiden. Die Zucchini in etwa 1 cm große Würfel schneiden. Die Zwiebel und die Knoblauchzehe schälen und fein hacken.

2. Eine beschichtete Pfanne (mit Deckel) mit dem Öl auspinseln und erhitzen. Die Zucchini, die Zwiebel und den Knoblauch darin 5 Minuten anbraten. Die Tomaten dazugeben, alles verrühren und mit Salz und italienischer Gewürzmischung würzen. Die Sahne darunter rühren.

3. Die Zitrone waschen, trockenreiben und in dünne Scheiben schneiden. Den Fisch mit kaltem Wasser abspülen, trockentupfen und in 3 bis 4 cm breite Streifen schneiden. Die Streifen kreisförmig auf das Gemüse legen. Den Fisch mit Salz und Pfeffer würzen. Die Zitronenscheiben auf den Fisch legen.

4. Die Pfanne mit dem Deckel schließen und das Ganze etwa 5 Minuten dünsten. Der Fisch sollte dann nicht mehr glasig sein.

Nährwerte: insges. ca. 780 kcal / 3290 kJ / 28 g F / 29 g KH / 101 g E

Dazu Bandnudeln, Zartweizen oder Couscous servieren

Variation

Wichtig ist, dass die Zucchini bissfest bleiben. Am besten schlanke, kleine Zucchini nehmen. Anstelle der Zucchini kann man auch kleine Möhrenwürfel verwenden. Dann aber ganz klein schneiden oder grob raspeln, damit sie in der kurzen Zeit gar werden. Wenn es ganz fix gehen soll, anstelle der klein gewürfelten Zucchini eine entsprechende Menge TK-Gemüsemischung unter die Tomaten geben.

Fisch mit oder ohne Panade?

Meeresfische, wie Kabeljau, Schellfisch, Rotbarsch oder Seelachs, sind äußerst fettarm, liefern aber viel hochwertiges Eiweiß und den wichtigen Mineralstoff Jod. Deshalb gehören Fischgerichte regelmäßig auf den Speiseplan. Bei Kindern sind sie vor allem mit knuspriger Hülle beliebt. Die Panade bestimmt dann allerdings den Geschmack. Außerdem enthält sie Fett und saugt beim Braten zusätzlich Fett auf. Zum Vergleich: 100 g Schellfisch natur enthält 1 g Fett, 100 g Fischstäbchen (ungebraten) schon rund 8 g. Deshalb besser panadefreie Fischgerichte suchen, die allen Familienmitgliedern schmecken.

Fisch am Stäbchen
mit Gurkensalat

für Kinderfeste

Zutaten für 1 Familienportion

- Für die Fischstäbchen:
- 300 g Lachsfilet ohne Haut
- 2 Zitronen (unbehandelt)
- 1 rote Paprikaschote (ca. 180 g)
- Jodsalz, weißer Pfeffer

Für den Gurkensalat:
- 700 g Salatgurke
- 150 g Naturjoghurt (1,5 % Fett)
- etwas Zitronensaft
- Jodsalz, weißer Pfeffer
- 2 EL fein geschnittener Dill

 ca. 20 Minuten

1. Das Lachsfilet mit kaltem Wasser abspülen, trockentupfen und in 2 bis 3 cm große Würfel schneiden.

2. Die Zitronen waschen, trockenreiben und in sehr dünne Scheiben schneiden. Die Paprikaschote waschen, trockenreiben, halbieren und das Kerngehäuse entfernen. Das Fruchtfleisch in 2 cm große Würfel schneiden.

3. Nun die Spieße stecken. Zuerst ein Stück Paprikaschote auf einen Schaschlikspieß stecken, dann eine Zitronenscheibe falten und darauf stecken, dann ein Stück Lachs dazu stecken. Paprikaschotenstücke, gefaltete Zitronenscheiben und Lachswürfel auf Spieße stecken, bis alle Zutaten aufgebraucht sind.

4. Die Salatgurke schälen, längs halbieren, die Kerne entfernen und die Gurkenhälften in feine Scheiben hobeln. Den Naturjoghurt mit etwas Zitronensaft, Salz und Pfeffer würzen und mit Dill verrühren. Das Dressing und die Gurken mischen.

5. Eine beschichtete große Pfanne erhitzen und die Spieße darin bei mittlerer Hitzezufuhr braten. Es wird kein zusätzliches Fett gebraucht. Die Spieße dabei mehrmals wenden. Wenn die Lachswürfel nicht mehr glasig sind, die Pfanne kurz abdecken und den Fisch noch 1 Minute ziehen lassen. Anschließend salzen und mit Pfeffer würzen.

6. Die Fischspieße zusammen mit dem Gurkensalat servieren.

Nährwerte: insges. ca. 660 kcal / 2780 kJ / 24 g F / 35 g KH / 68 g E

Dazu Pellkartoffeln oder Vollkornreis servieren.

Lachs und andere Fettfische

Lachs enthält, genauso wie Makrele und Hering, zwar etwas mehr Fett, doch die Fettsäuren darin sind gesundheitsfördernd. Deshalb darf es ruhig hin und wieder Lachs, Makrele etc. geben. Allerdings sollten die Mengen klein sein und die fettreicheren Fische sich mit fettarmen Sorten abwechseln

Fisch unter Kartoffelwellen

kinderleicht

Zutaten für 1 Familienportion
- 1 EL Rapsöl
- 500 g Seelachsfilet
- Jodsalz, weißer Pfeffer
- 450 g TK-Spinat (gehackt)
- 200 g Champignons
- 1 Packung Kartoffelpüree (Fertigprodukt für 500 ml Flüssigkeit/3 Portionen)
- geriebene Muskatnuss

ca. 15 Minuten
(plus 20 Minuten Backzeit)

1. Den Backofen auf 225 °C vorheizen. Eine breite, flache Auflaufform mit Öl auspinseln. Das Seelachsfilet mit kaltem Wasser abspülen, trockentupfen, hineinlegen und mit Salz und Pfeffer würzen.

2. Den Spinat bei milder Hitzezufuhr auftauen lassen.

3. Die Champignons mit einem feuchten Küchentuch abreiben und die Stiele etwas kürzen. Die Pilze in Scheiben schneiden. Das restliche Öl in einer beschichteten Pfanne erhitzen und die Champignonscheiben darin braten, bis sie kein Wasser mehr ziehen.

4. Das Kartoffelpüree nach Packungsanweisung mit Wasser anrühren.

5. Den Spinat mit Salz, Pfeffer und Muskatnuss abschmecken. Dann über den Fisch geben. Die Champignons darauf geben und zum Schluss alles mit Kartoffelpüree abdecken. Das Kartoffelpüree in Spitzen hochziehen, so dass kleine und größere Wellen entstehen.

6. Die Auflaufform auf der mittleren Schiene in den Ofen schieben und das Fischgericht etwa 20 Minuten garen.

Nährwerte: insges. ca. 960 kcal / 4070 kJ / 17 g F / 83 g KH / 116 g E

Dazu Vollkornbaguette servieren.

Rotbarsch mit Brokkoli im Päckchen

kinderleicht

Zutaten für 1 Familienportion

- 2 Zitronen (unbehandelt)
- 600 g TK-Brokkoli, aufgetaut
- 500 g Rotbarschfilet
- schwarzer Pfeffer
- Jodsalz
- 100 ml kräftige Gemüsebrühe
- 1 EL mildes Olivenöl
- 1 Bratschlauch

 ca. 40 Minuten

1. Den Backofen auf 180 °C (Umluft!) vorheizen. Die Zitronen heiß abwaschen, trockenreiben und in Spalten schneiden. Dann ein dem Fisch entsprechend langes Stück vom Bratschlauch abschneiden, auf ein Backblech legen und ein Ende zubinden.

2. Den Brokkoli hineingeben. Das Rotbarschfilet mit kaltem Wasser abspülen, trockentupfen, in 4 Stücke schneiden und mit Pfeffer und Salz bestreuen. Zusammen mit den Zitronenspalten auf den Brokkoli legen. Die Brühe angießen und den Schlauch fest verschließen.

3. Das Ganze in den Ofen schieben und etwa 30 Minuten garen. Den Bratschlauch vorsichtig (heißer Dampf entweicht) der Länge nach aufschneiden. Das Gericht portionieren und ein wenig Olivenöl auf den Fisch träufeln.

Nährwerte: insges. ca. 850 kcal / 3570 kJ / 29 g F / 35 g KH / 110 g E

Dazu Pell- oder Salzkartoffeln oder Kartoffelbrei servieren. Die Brühe über die Beilage geben.

Tipps

Sollten Sie keinen Backofen mit Umluft haben, den Fisch in Alufolie wickeln und auf 200 °C bei Ober- und Unterhitze im Backofen garen.
Im Bratschlauch kann man nicht nur Fisch zusammen mit Gemüse garen, sondern auch größere Fleischstücke. Die Garmethode ist äußerst fettsparend. Dieses Gericht hier kommt beim Kochen sogar gänzlich ohne Fettzugabe aus. Da Öle jedoch wertvolle Fettsäuren und auch Vitamin E enthalten, ein bisschen davon zum Schluss über den Fisch träufeln. Anstelle des Olivenöls kann man auch Rapsöl oder Sonnenblumenöl nehmen.

Allerlei mit Fisch und Fleisch

Fisch mit Gemüse in Kokossauce

Zutaten für 1 Familienportion

- 2 rote Paprikaschoten (ca. 350 g)
- 1 mittelgroßer Kohlrabi (ca. 200 g)
- 200 g Romanesco-, Blumenkohl- oder Brokkoliröschen
- 2 Frühlingszwiebeln
- 1 EL Rapsöl
- 1 TL mildes Currypulver
- 100 ml Kokosmilch
- etwas Sojasauce
- 500 g Rotbarsch-, Kabeljau- oder Schellfischfilet
- 1 Zitrone (unbehandelt)

 ca. 30 Minuten

1. Die Paprikaschoten waschen, trockenreiben und halbieren. Das Kerngehäuse entfernen und die Schotenhälften längs in dünne Streifen schneiden.

2. Den Kohlrabi schälen und fein würfeln. Die Romanesco-, Blumenkohl- oder Brokkoliröschen waschen und abtropfen lassen. Die Röschen sollten etwa so groß wie Walnüsse sein, große Röschen eventuell halbieren. Die Frühlingszwiebeln putzen, waschen, trockentupfen und in Ringe schneiden.

3. Das Öl in einem beschichteten Topf erhitzen. Die Paprikaschoten und die Frühlingszwiebeln darin andünsten. Das Currypulver darüber stäuben und unter Rühren anschwitzen. Die Kokosmilch und 250 ml Wasser verrühren und über das Gemüse gießen. Das Ganze etwa 5 Minuten köcheln. Dann mit Sojasauce würzen.

4. Den Fisch mit kaltem Wasser abspülen, trockentupfen und in etwa 5 cm breite Streifen schneiden. Die Zitrone mit heißem Wasser abspülen, trockenreiben und in Scheiben schneiden.

5. Den Kohlrabi und die Romanesco-, Blumenkohl- oder Brokkoliröschen unter das Gemüse rühren. Den Fisch darauf legen und mit den Zitronenscheiben bedecken. Den Topf schließen und das Ganze 5 bis 10 Minuten köcheln lassen.

Nährwerte: insges. ca. 830 kcal / 3520 kJ / 30 g F / 32 g KH / 106 g

Dazu Vollkornreis servieren.

Tipp

Anstelle der Kokosmilch kann man auch ein Sahne-Ersatzprodukt mit 15 % Fett verwenden.

Forellen auf Mangold

`kinderleicht`

Zutaten für 1 Familienportion
- 2 Forellen (ca. 600 g)
- Jodsalz
- einige Zweige Dill
- 1 Zitrone (unbehandelt)
- 400 g Mangold oder Blattspinat
- 1 EL Rosinen
- 4 Tomaten
- schwarzer Pfeffer
- 2 EL Olivenöl

 ca. 30 Minuten

1. Den Backofen auf 200 °C vorheizen. Die Forellen kalt abspülen. Die Bauchhöhlen mit Salz würzen und die Dillzweige hineinlegen. Die Zitrone mit heißem Wasser abspülen, trockenreiben und in Scheiben schneiden. Einige Scheiben, eventuell halbiert, in die Forellen stecken.

2. Den Mangold oder die Spinatblätter waschen. Den Mangold (Blatt und Stiel) in dünne Streifen schneiden (Von den Spinatblättern die Stiele entfernen.). Das Gemüse tropfnass in eine Auflaufform geben. Die Rosinen darunter mischen. Die Tomaten waschen, den Stielansatz herausschneiden. Dann die Tomaten in Scheiben schneiden und auf den Mangold oder den Spinat legen. Das Gemüse mit Salz und Pfeffer würzen und mit dem Öl beträufeln.

3. Die Forellen auf das Gemüse legen. Das Ganze in den Ofen schieben und etwa 20 Minuten garen.

4. Anschließend die Forellen und das Gemüse aus dem Ofen nehmen. Die Forellen abheben, die Fische filetieren und die Haut von den Filets entfernen. Das Fischfilet zusammen mit dem Gemüse servieren.

Nährwerte: insges. ca. 910 kcal / 3830 kJ / 37 g F / 40 g KH / 101 g E

Dazu Pellkartoffeln oder Salzkartoffeln servieren.

Variationen

Wenn die Zeit zum Gemüseputzen fehlt, die Forellen auf einem mit Backpapier belegten Backblech garen. Tiefgekühlten Blattspinat in einem Topf auftauen lassen, mit Salz, Pfeffer und Muskatnuss würzen und dazu reichen. Auf diese Art und Weise können nicht nur Forellen zubereitet werden. Die Garmethode eignet sich auch für kleine Wolfsbarsche oder Brassen.

Hähnchenpfanne
mit Wokgemüse

Zutaten für 1 Familienportion

- 300 g Hähnchenbrustfilet ohne Haut
- 2 TL Speisestärke
- 1 ½ EL Sojasauce
- 2 EL Rapsöl
- 700 g TK-Wok-Gemüsemischung
- 1 Knoblauchzehe
- 2 EL Tomatenketchup
- 100 ml Gemüsebrühe
- 1 Prise Ingwerpulver
- Jodsalz
- eventuell etwas Chilipulver

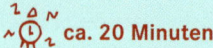 ca. 20 Minuten

1. Das Hähnchenfleisch mit kaltem Wasser abspülen, trockentupfen und in kleine Würfel schneiden. Die Stärke und die Sojasauce darüber geben und alles gut mischen.

2. Das Öl in einer großen beschichteten Pfanne oder einem beschichteten Wok erhitzen. Die Hähnchenbrustwürfel unter Rühren darin anbraten. Wenn das Fleisch nicht mehr glasig ist, die Tiefkühl-Gemüsemischung dazu geben, die Knoblauchzehe schälen und dazupressen. Alles unter häufigem Wenden braten. Das Fleisch und das Gemüse sollten dabei gar werden.

3. Den Tomatenketchup und die Brühe dazugeben und unter das Fleisch und das Gemüse rühren. Alles kurz aufkochen lassen und mit Ingwerpulver, Salz und – wenn man es ein wenig scharf mag –, mit Chilipulver und eventuell noch etwas Sojasauce abschmecken.

Nährwerte: insges. ca. 910 kcal / 3820 kJ / 36 g F / 62 g KH / 84 g E

Dazu Vollkornreis servieren.

Tiefkühl-Wok-Gemüsemischung

Achten Sie darauf, dass Sie eine Gemüsemischung „pur" und keine fertige Zubereitung kaufen. Manchmal mögen Kinder asiatische Gemüsesorten wie Mu-Err-Pilze, Bambussprossen oder Wasserkastanien nicht. Dann können Sie auch eine andere Gemüsemischung z.B. mit Brokkoliröschen oder Möhren nehmen. Wer ein wenig mehr Zeit hat und gerne selbst schnippelt, nimmt frisches Gemüse der Saison. Die verschiedenen Gemüsesorten nach und nach zugeben. Möhren z.B., die etwas länger brauchen, um gar zu werden, kommen als erstes in die Pfanne, zarte Spinatblätter als letztes.

Fingerhähnchen und Fingergemüse

für Kinderfeste

Zutaten für 1 Kinderportion

Für das Hähnchen:
- 1/2 TL Tomatenketchup
- 1/2 TL Sojasauce
- 1/2 TL helle Marmelade oder Gelee (z.B. Aprikosenmarmelade, Apfelgelee, Orangenmarmelade)
- 2 Hähnchenunterkeulen (ca. 140 g/70 g Fleisch)

Für die Gemüsespieße:
- 50 g Salatgurke
- 1 kleine Möhre
- 50 g rote oder gelbe Paprikaschote

 ca. 30 Minuten

1. Den Backofen auf 180 °C vorheizen. Den Tomatenketchup, die Sojasauce und die Marmelade verrühren. Von den Hähnchenunterkeulen etwa 2/3 der Haut abschneiden. Die Keulen mit der Marinade bestreichen.

2. Das Gemüse waschen und trockenreiben. Die Salatgurke und die Möhre schälen. Die Paprikaschote halbieren und das Kerngehäuse entfernen. Das gesamte Gemüse in kleine Stücke schneiden.

3. Ein Backblech mit Backpapier belegen. Die Hähnchenunterkeulen darauf legen und in 20 bis 25 Minuten im Backofen knusprig braun braten. Zwischendurch mehrmals wenden.

4. Inzwischen die Gemüsewürfel nach Belieben auf kleine Spieße stecken.

5. Nach dem Garen etwas Alufolie um die Enden der Hähnchenunterkeulen wickeln, damit man sie besser anfassen kann. Die Hähnchen zusammen mit den Gemüsesticks servieren.

Nährwerte: ca. 310 kcal / 1300 kJ / 16 g F / 13 g KH / 28 g E

Dazu Vollkornbrötchen oder Kartoffelwedges (siehe Seite 67) servieren.

Variation

Viele Kinder knabbern Gemüse lieber roh. Deshalb gibt's zum Hähnchen aus der Hand Gemüse aus der Hand. Die Gemüsesorten können je nach Saison variieren. So können auch kleine Radieschen, Tomaten und Zucchinistücke aufgespießt werden.

Weniger Fett

Das Fettgewebe des Hähnchens sitzt unter der Haut. Deshalb wird sie beim Backen so schön knusprig. Doch damit es nicht zu fettig wird, die Haut zum Großteil abschneiden.

Allerlei mit Fisch und Fleisch

Hähnchenspieße mit Ananaswirsing

für Kinderfeste

Zutaten für 1 Familienportion

Für die Hähnchenspieße:
- 400 g Hähnchenbrustfilet ohne Haut
- 2 TL Erdnussbutter
- 2 TL Aprikosenmarmelade
- 2 TL Sojasauce
- 1 TL Rapsöl

Für den Ananaswirsing:
- 500 g Wirsing
- 1 Knoblauchzehe
- 1 kleines Stück frischer Ingwer
- 1 kleine Dose Ananas im eigenen Saft (230 g / 140 g Abtropfgewicht)
- 1 EL Rapsöl
- Jodsalz oder Sojasauce

ca. 30 Minuten

1. Das Hähnchenbrustfilet mit kaltem Wasser abspülen, trockentupfen und längs in dünne Streifen schneiden.

2. Die Erdnussbutter, die Marmelade und die Sojasauce gut verrühren. Das Fleisch in diese Mischung geben und marinieren lassen.

3. Inzwischen den Wirsing waschen, putzen und in dünne Streifen schneiden. Die Knoblauchzehe schälen. Den Ingwer schälen und fein hacken. Die Ananas in ein Sieb geben und abtropfen lassen.

4. Die Hähnchenfleischstreifen aus der Marinade nehmen und ziehharmonikaartig auf Holzspieße stecken. Es sollten aber keine tiefen „Falten" entstehen, sondern das Fleisch sollte am Spieß liegen.

5. Eine beschichtete Pfanne erhitzen, das Öl für den Wirsing darin erhitzen. Dann den Wirsing und den Ingwer dazugeben, den Knoblauch dazupressen und alles unter Rühren braten.

6. In der Zwischenzeit eine zweite beschichtete Pfanne mit dem restlichen Öl erhitzen. Die Hähnchenspieße vorsichtig darin von beiden Seiten bei mittlerer Hitzezufuhr braten. Nicht zu stark erhitzen, sonst verbrennt die Marinade.

7. Zum Schluss die Ananas klein schneiden und unter den Wirsing rühren. Das Gemüse nochmals wenige Minuten braten, mit Salz oder etwas Sojasauce würzen. Anschließend das Gemüse zusammen mit den Hähnchenspießen servieren.

Nährwerte: insges. ca. 920 kcal / 3850 kJ / 25 g F / 57 g KH / 114 g E

Dazu schmeckt Vollkornreis oder Zartweizen.

Variation Apfelwirsing
Wer keine Ananas mag, schneidet einen Apfel klein und brät ihn zusammen mit dem Wirsing.

Konfetti-Hähnchen

Zutaten für 1 Familienportion

- 350 g Hähnchenbrustfilet ohne Haut
- 2 rote Paprikaschoten (ca. 350 g)
- 200 g Lauch (weißer unterer Teil der Stange)
- 300 g Gemüsemais (Dose)
- 1 1/2 EL Olivenöl
- 2 EL Sojasauce
- weißer Pfeffer
- 100 ml Geflügelbrühe (oder Gemüsebrühe)

 ca. 30 Minuten

1. Das Hähnchenfleisch mit kaltem Wasser abspülen, trockentupfen und in 1 cm breite Streifen schneiden.

2. Die Paprikaschoten und den Lauch waschen, anschließend trockenreiben. Die Paprikaschoten halbieren, das Kerngehäuse entfernen und die Hälften in etwa 1 cm große Würfel schneiden. Die Lauchstange längs halbieren, die Hälften noch zweimal längs durchschneiden und quer in sehr feine Streifen schneiden. Den Mais gut abtropfen lassen.

3. Das Öl in einer beschichteten Pfanne (mit Deckel) erhitzen, den Lauch darin unter Rühren glasig dünsten. Die Paprikaschoten dazugeben und mitdünsten. Anschließend das Gemüse aus der Pfanne nehmen.

4. Die Hähnchenstreifen in der Pfanne braun anbraten. Mit Sojasauce und Pfeffer würzen und die Geflügelbrühe dazugeben. Den Lauch, die Paprikaschoten und den Gemüsemais zum Fleisch geben. Die Pfanne abdecken und alles kurz schmoren lassen. Nochmals mit Pfeffer und Salz abschmecken.

Nährwerte: insges. 900 kcal / 3770 kJ / 23 g F / 66 g KH / 103 g E

Dazu Vollkornspätzle oder Hirse reichen.

Hähnchen

Hähnchenfleisch ist bei Kindern beliebt und hat viele Vorzüge. Es ist zart im Geschmack, reich an Eiweiß und an Mineralstoffen und aufgrund der kurzen Garzeit ideal, wenn es schnell gehen muss. Da das Fettgewebe des Hähnchens unter der Haut sitzt, sollte man sie entfernen und nur das reine Muskelfleisch nehmen. Am wenigsten Fett enthält Brustfleisch ohne Haut: knapp 1 g Fett auf 100 g.

Krauthack

Zutaten für 1 Familienportion
- *700 g Weißkohl oder Spitzkohl*
- *1 Knoblauchzehe*
- *1 EL Rapsöl*
- *300 g mageres Rinderhackfleisch*
- *Jodsalz, Pfeffer*
- *Paprikapulver edelsüß*

ca. 30 Minuten

1. Die äußeren Kohlblätter entfernen. Den Kohl halbieren und in dünne Streifen hobeln oder schneiden. Die Knoblauchzehe schälen.

2. Das Öl in einer großen beschichteten Pfanne erhitzen und den Kohl darin unter Rühren braten. Den Kohl dabei ständig in Bewegung halten, damit er nicht anbrennt, sondern gleichmäßig gar wird. Dabei die Knoblauchzehe dazupressen und mitdünsten. Ist der Kohl gar, ihn aus der Pfanne nehmen und beiseite stellen.

3. Das Hackfleisch in die Pfanne geben und unter Rühren krümelig braten. Das Fleisch mit Salz, Pfeffer und Paprikapulver würzen.

4. Den Kohl wieder dazugeben, mit dem Fleisch mischen und noch einmal kurz erwärmen. Das Ganze mit den Gewürzen abschmecken.

Nährwerte: insges. ca. 870 kcal / 3650 kJ / 52 g F / 31 g KH / 69 g E

Zum Krauthack am besten Salz- oder Pellkartoffeln servieren.

Kohl

Schnell ist der junge Sommer-Spitzkohl gar. Der Winterkohl braucht etwas länger. Manche meiden Kohl und Co., weil er schwerer verdaulich ist als andere Gemüsesorten und zu Blähungen führen kann. Doch er enthält viele bioaktiven Substanzen, Ballaststoffe und Vitamin C, so dass er im Winter regelmäßig auf dem Speiseplan stehen sollte. Wer empfindlich auf Kohlgemüse reagiert, brät einige Kümmel-, Anis- oder Fenchelsamen zusammen mit dem Kohl. Diese Gewürze wirken verdauungsfördernd.

Schnelles Gulasch

kinderleicht

Zutaten für 1 Familienportion
- 350 g Schweineschnitzel
- 400 g Kürbis (Butternuss- oder Muskatkürbis)
- 300 g Möhren
- 4 Frühlingszwiebeln
- 2 EL Rapsöl
- 1 ½ EL Tomatenmark
- 1 EL Paprikapulver edelsüß
- 1 TL Mehl
- 400 ml Gemüsebrühe
- Jodsalz, Pfeffer

ca. 30 Minuten

1. Die Schweineschnitzel in etwa 2 cm große Stücke schneiden.

2. Den Kürbis schälen, die Möhren waschen und schälen und beides in etwa 1 cm große Stücke schneiden. Die Frühlingszwiebeln putzen, waschen, trockentupfen und in kleine Stücke schneiden.

3. Das Öl in einem beschichteten Topf erhitzen. Das Fleisch darin von allen Seiten anbraten. Das Gemüse dazugeben, alles mischen und das Gemüse andünsten. Das Tomatenmark, das Paprikapulver und das Mehl darüber geben. Alles gut mischen und anschwitzen lassen.

4. Fleisch und Gemüse mit Gemüsebrühe aufgießen und umrühren. Den Topf schließen und das Gulasch etwa 10 Minuten köcheln lassen. Anschließend mit Salz und Pfeffer abschmecken.

Nährwerte: insges. ca. 810 kcal / 3390 kJ / 30 g F / 43 g KH / 91 g E

Schweinefleisch

Schweinefleisch ist beliebt, preiswert, liefert hochwertiges Eiweiß, Vitamine und Mineralstoffe, manche Stücke jedoch auch reichlich Fett. Doch wer gezielt aussucht, kann enorm Fett sparen. Schweineschnitzel von heute bringen gerade mal 2 g Fett pro 100 g Fleisch mit. Ein weiterer Vorzug: Das Fleisch ist in Minutenschnelle gar. Hier wird daraus ein schnelles Gulasch gemacht. Aber auch zum Kurzbraten ist es geeignet. Allerdings sollte man es nicht mit einer dicken Panade umhüllen, sondern natur mit wenig Fett in einer beschichteten Pfanne braten.

Hackbällchen in zitroniger Sauce

Zutaten für 1 Familienportion

- 1 mittelgroße Zwiebel
- 1 Brötchen
- 300 g mageres Rinderhackfleisch
- 1 Ei (Größe M)
- 1 Zitrone (unbehandelt)
- Jodsalz, schwarzer Pfeffer
- 250 g Möhren
- 1 l Gemüsebrühe
- 250 g TK-Erbsen
- 1 EL Stärke
- 100 ml Sahne-Ersatzprodukt aus pflanzlichen Fetten und Milch (15 % Fett)

 ca. 30 Minuten

1. Die Zwiebel schälen und klein hacken. Vom Brötchen die Rinde abschneiden und das Brötchen in kleine Würfel schneiden. Zwiebelwürfel, Hackfleisch, Ei und Brötchen gut vermengen.

2. Die Zitrone heiß abwaschen, trockenreiben und die Schale fein abreiben. Die Zitrone halbieren und auspressen. Den Fleischteig mit Zitronenschale, Salz und Pfeffer würzen.

3. Die Möhren waschen, schälen und in kleine Würfel schneiden.

4. Die Gemüsebrühe zum Kochen bringen. Aus der Fleischmasse mit den Händen oder dem Eisportionierer tischtennisgroße Bällchen formen. Möhren und Fleischbällchen in die leicht köchelnde Brühe geben und etwa 10 Minuten bei geringer Hitzezufuhr garen. In den letzten 3 bis 4 Minuten die Erbsen dazugeben.

5. Die Stärke mit dem Sahne-Ersatzprodukt verrühren. Das Ganze in die kochende Brühe geben und einmal aufkochen lassen. Die Sauce mit Zitronensaft, Salz und Pfeffer abschmecken.

Nährwerte: insges. ca. 1350 kcal / 5620 kJ / 68 g F / 89 g KH / 92 g E

Dazu passt Vollkornreis.

Variationen

Wer mag, kann noch etwas fein gehackte Pfefferminze oder Petersilie unter den Fleischteig geben.
Wer die Hackbällchen nicht in Brühe garen, sondern lieber braten möchte, formt aus dem Fleischteig kleine, flache Frikadellen und gart sie langsam von beiden Seiten in einer mit Öl ausgepinselten, beschichteten Pfanne.

Auf Vorrat kochen

Frikadellen lassen sich gut vorbereiten und gebraten einfrieren. In Zeitnot die Frikadellen kurz in der Mikrowelle auftauen, etwas Tiefkühlgemüse dünsten und zusammen zu einem Vollkornbrötchen servieren.

Roter Kasseler-Topf

Zutaten für 1 Familienportion

- 1 Zwiebel
- 1 Knoblauchzehe
- 200 g Möhren
- 500 g gegarte rote Beten (vakuumverpackt)
- 1 EL Rapsöl
- Jodsalz, Pfeffer
- einige Kümmelsamen
- 250 ml Gemüsebrühe
- 350 g mageres Kasseler, in Scheiben
- 4 EL Naturjoghurt (1,5 % Fett)
- 2 EL fein gehackte Petersilie

 ca. 30 Minuten

1. Die Zwiebel schälen und fein hacken. Die Knoblauchzehe ebenfalls schälen. Die Möhren waschen, schälen und in dünne Scheiben schneiden. Von den roten Beten die Haut abziehen und die Knollen in kleine Würfel schneiden.

2. Das Öl in einem Topf erhitzen. Die Zwiebel darin unter Rühren glasig dünsten. Die Knoblauchzehe durch die Presse dazudrücken und mitdünsten. Dann die Möhren dazugeben und ebenfalls andünsten.

3. Die roten Beten dazugeben und alles mit Salz, Pfeffer und Kümmelsamen würzen. Die Brühe dazugießen. Die Kasseler Scheiben darauf legen und den Topf schließen. Das Ganze etwa 15 Minuten köcheln.

4. Die Kasseler Scheiben herausnehmen. Etwa 3/4 des Gemüses ebenfalls herausnehmen. Das restliche Gemüse mitsamt der Gemüsebrühe fein pürieren. Falls das Ganze zu dickflüssig ist, noch etwas Gemüsebrühe dazugeben. Die Sauce mit den Gewürzen abschmecken. Dann das Fleisch in kleine Würfel schneiden. Das Fleisch und die Gemüsestücke in die Sauce geben.

5. Das Gericht servieren. Auf jede Portion 1 Esslöffel Joghurt geben oder den Joghurt extra dazu reichen. Das Ganze mit Petersilie bestreuen

Nährwerte: insges. ca. 970 kcal / 4060 kJ / 53 g F / 50 g KH / 72 g E

Dazu Pellkartoffeln servieren.

Fleisch statt Bratwurst!

Wenn es schnell gehen muss, kommen häufig Bratwürstchen in die Pfanne. Doch leider sind diese alles andere als mager. Sie enthalten rund 24 % Fett. Wählen Sie statt dessen magere Fleischstücke, bei denen Sie das Fett im Auge haben und gegebenenfalls abschneiden können. Kinder tun sich mit großen Bratenstücken schwer. Besser mageres klein geschnittenes Fleisch nehmen und mit viel Gemüse mischen.

Wintertopf mit Rindfleisch

Zutaten für 1 Familienportion

- 200 g Möhren
- 250 g Pastinaken
- 50 g Lauch
- 2 Knoblauchzehen
- 400 g magerer Rinderbraten
- 1 EL Rapsöl
- 1 Dose geschälte Tomaten (400 g Füllmenge/240 g Abtropfgewicht)
- 1 Lorbeerblatt
- Jodsalz
- schwarzer Pfeffer
- 150 g eingelegte rote Beten, in Scheiben

ca. 1 1/2 Stunden

1. Die Möhren und die Pastinaken waschen, schälen und längs halbieren oder je nach Dicke vierteln. Dann in 3 bis 4 cm lange Stücke schneiden. Den Lauch putzen, waschen und trockentupfen. Danach längs halbieren und quer in feine Streifen schneiden. Die Knoblauchzehen schälen.

2. Das Rindfleisch in etwa 3 cm große Würfel schneiden. Das Öl in einem beschichteten Topf erhitzen und die Rindfleischwürfel darin portionsweise anbraten. Anschließend wieder herausnehmen.

3. Die Möhren und den Lauch in dem heißen Fett unter Rühren andünsten. Den Knoblauch durch die Presse dazudrücken. Das Fleisch wieder in den Topf geben und die Tomaten mitsamt der Flüssigkeit dazugeben. 300 ml Wasser angießen, das Lorbeerblatt dazulegen und alles kräftig mit Salz und Pfeffer würzen. Den Topf schließen. Nun das Fleisch und das Gemüse etwa 45 Minuten bei geringer Hitzezufuhr schmoren.

4. Die Pastinaken unter das Gericht rühren, den Topf wieder schließen und das Schmorgericht weitere 20 bis 30 Minuten garen. Das Fleisch sollte dann gar und das Gemüse weich, aber noch etwas bissfest sein. Die Roten-Beten-Scheiben gut abtropfen lassen und zum Schluss unter das Fleisch und das restliche Gemüse rühren. Das Ganze nochmals erhitzen und abschmecken.

Nährwerte: insges. ca. 810 kcal / 3390 kJ / 33 g F / 34 g KH / 91 g E

Dazu Vollkornspätzle oder Vollkornnudeln reichen.

Variation

Mit Möhren und Pastinaken kann man auch andere Wurzelgemüsesorten wie Petersilienwurzeln oder Herbstrüben kombinieren.

Pastinaken

Die Pastinake ist ein Wurzelgemüse, das schon im Altertum bekannt war. Die hellen Rüben sind außen gelblich bis bräunlich, innen sind sie weiß oder gelb bis bräunlich. Sie schmecken aromatisch und sind sehr nährstoffreich. Da sie schnell gar sind, werden sie erst nach der Hälfte der Garzeit zum Fleisch gegeben.

Süße Hauptgerichte und Desserts

Alle Kinder lieben Süßes. Kein Wunder, denn die Vorliebe dafür ist angeboren. Wie viel Süßes und wie süß es sein muss, ist allerdings eine Frage der Gewöhnung. Heutzutage werden Kinder mit Süßigkeiten nicht nur an Fest- und Feiertagen verwöhnt, sondern etwas Süßes gibt's zu Hause, bei Oma, bei der freundlichen Nachbarin, am Automaten oder am Schulkiosk. Täglich (mehrmals) wird genascht.

Zwar sind Süßwaren ernährungsphysiologisch überflüssig, doch Kleine wie Große genießen einfach gern. Wer möchte diesen Aspekt beim Essen und Trinken außer Acht lassen? Doch Experten plädieren für einen maßvollen Umgang – und das heißt eine kleine Portion am Tag. Der Grund: Süßwaren enthalten viel Zucker, manche auch viel Fett, aber nicht so viele Vitamine und Mineralstoffe wie Gemüse, Obst und die anderen Grundnahrungsmittel. Wer sich an Süßwaren satt isst, hat keinen Hunger mehr auf anderes, nimmt aber auch leicht mehr Energie zu sich als er braucht. Vor allem Fett-Zucker-Kombinationen sind von Nachteil, denn dann wird Fett besonders schnell gespeichert.

Trotz allem sind strikte Verbote nicht ratsam. Besser ist es, die Menge langsam zu reduzieren und das Kind mit einer vereinbarten Menge haushalten zu lassen.

In diesem Kapitel finden Sie fettarme und moderat gesüßte Alternativen zu beliebten Klassikern. Dazu gehören süße Hauptmahlzeiten, die aber nicht häufiger als einmal pro Woche auf dem Speiseplan stehen sollten, Desserts mit Obst, dessen natürliche Süße oft erst wiederentdeckt werden muss, und Alternativen zu fett- und zuckerreichen Keksen, Kuchen und Torten.

Obstsalat mit Honigquark

kinderleicht

Zutaten für 1 Familienportion

Für den Obstsalat:
- 2 Orangen
- 1 Apfel
- 1 Birne
- 1 Banane
- etwas Zitronensaft
- 1 EL Mandelblättchen

Für den Quark:
- 250 g Magerquark
- Mineralwasser
- 2 EL flüssiger Honig

 ca. 20 Minuten

1. Die Orangen sehr gründlich schälen. Möglichst alle weißen Häutchen entfernen. Die Orangen in Schnitze teilen und die Schnitze klein schneiden. Den Apfel und die Birne waschen und trockenreiben. Den Apfel vierteln, das Kerngehäuse entfernen und die Viertel quer in dünne Scheiben schneiden. Die Apfelscheibchen zur Orange geben und mischen.

2. Die Birne schälen, vierteln und das Kerngehäuse entfernen. Die Birne in Stücke schneiden und zur Orangen-Apfel-Mischung geben. Die Banane schälen, in Scheiben schneiden und ebenfalls dazugeben. Das Ganze mit ein wenig Zitronensaft marinieren.

3. Den Magerquark mit den Schneebesen des Handrührgerätes sehr cremig schlagen. Dabei so viel Mineralwasser dazugeben, dass eine glatte, lockere Creme entsteht. Den Honig darunter rühren. Die Mandelblättchen in einer trockenen Pfanne rösten, bis sie zu duften beginnen. Die Mandelblättchen über den Obstsalat streuen und den Quark dazu reichen.

Nährwerte: insges. ca. 730 kcal / 3050 kJ / 5 g F / 123 g KH / 40 g E

Zuckern

Haben die Früchte Saison und werden vollreif geerntet, ist zusätzliches Zuckern nicht notwendig. Es gibt jedoch ausgesprochene Süßschnäbel. Für sie kann es gar nicht süß genug sein. Auch sie sollten aber immer erst probieren, bevor sie Zucker über die Früchte streuen.

2 Portionen Obst am Tag

Machen Sie das Obstessen zum Ritual. Die süßen Früchtchen können als Nachtisch fettreiche Puddings oder sahnige Cremes ersetzen oder feste Zwischenmahlzeit am Vor- und Nachmittag sein. Bei klein geschnittenem Obst greifen Kinder eigentlich immer gerne zu. Das macht zwar etwas mehr Mühe, als den ganzen Apfel zu reichen, doch eine gesunde Ernährung sollte Ihnen die Mehrarbeit wert sein.

Süße Hauptgerichte und Desserts

Sommererfrischung

für Kinderfeste

Zutaten für 1 Familienportion

- *300 g Wassermelone*
- *1/2 kleine Honigmelone*
- *200 g Erdbeeren*
- *etwas Zitronensaft*
- *einige Blätter Pfefferminze*

ca. 15 Minuten

1. Die Kerne der Wassermelone mit einem kleinen Messer entfernen. Das Fruchtfleisch erst von der Schale, dann in kleine Stücke schneiden. Die Kerne der Honigmelone mit einem Löffel herauskratzen. Mit einem Kugelausstecher das Fruchtfleisch aus der Schale lösen. Die Erdbeeren waschen, putzen und in Viertel schneiden.

2. Die Melonenkugeln, die Wassermelonenstücke und die Erdbeeren mischen. Mit ein wenig Zitronensaft beträufeln.

3. Die Pfefferminzblätter waschen, trockentupfen und in dünne Streifen schneiden. Den Obstsalat anrichten und die Pfefferminzstreifen darüber streuen.

Nährwerte: insges. ca. 220 kcal / 930 kJ / 2 g F / 45 g KH / 5 g E

Schnelles Eis

kinderleicht

für Kinderfeste

Zutaten für 1 Familienportion

- *200 g Erdbeeren oder TK-Erdbeeren*
- *200 g Vanillejoghurt (1,5 % Fett)*

ca. 5 Minuten
(ohne Gefrierzeit)

1. Die frischen Erdbeeren putzen, waschen, trockentupfen und nebeneinander in einen Gefrierbehälter legen. Dann in das Gefriergerät stellen und über Nacht gefrieren lassen.

2. Die gefrorenen Beeren in den Mixer geben. Das Gerät einschalten und die Beeren grob zerhacken. Dann nach und nach den Joghurt dazugeben und so lange mixen, bis ein cremiges Eis entstanden ist. Aber nicht zu lange mixen, sonst wird das Eis zu weich.

3. Das Eis in Dessertschälchen füllen und sofort servieren.

Nährwerte: insges. ca. 230 kcal / 960 kJ / 3 g F / 39 g KH / 7 g E

Variationen

Bananeneis: Die Scheiben nebeneinander einfrieren. Fettarmen Naturjoghurt unter die Bananen mixen.
Aprikoseneis: Aprikosen mit fettarmem Vanillejoghurt mixen.
Tiefkühl-Fruchtmischungen eignen sich ebenfalls für dieses schnelle Eisvergnügen.

Süße Hauptgerichte und Desserts

Gelbe Grütze

für Kinderfeste

Zutaten für 1 Familienportion

Für die Grütze:
- 1 1/2 EL Speisestärke
- 350 ml Orangensaft
- 200 g frische Ananas
- 100 g Trauben
- 1 Pfirsich oder 1 Nektarine

Für die Vanillecreme:
- 200 g Naturjoghurt (1,5 % Fett)
- 200 g Vanillejoghurt (1,5 % Fett)

ca. 20 Minuten
(plus Zeit zum Abkühlen)

1. Die Speisestärke mit 50 ml Orangensaft glatt verrühren. Den restlichen Orangensaft zum Kochen bringen. Die angerührte Speisestärke hineinrühren. Das Ganze aufkochen und dicken lassen. Vom Herd nehmen.

2. Die Ananas schälen und das Fruchtfleisch klein schneiden. Die Trauben vierteln, dabei die Kerne entfernen. Den Pfirsich oder die Nektarine waschen, halbieren, den Kern entfernen und das Fruchtfleisch in kleine Würfel schneiden.

3. Das Obst unter die Orangensaftcreme heben. Die Grütze vollständig erkalten lassen.

4. Den Naturjoghurt und den Vanillejoghurt verrühren. Die Grütze zusammen mit dem Vanillejoghurt servieren.

Nährwerte: insges. ca. 710 kcal / 2950 kJ / 7 g F / 132 g KH / 18 g E

Tipp

Klein geschnitten und eingebettet in angedicktem Fruchtsaft – so schmeckt Obst jedem Kind. Die klassische Fruchtgrütze ist rot und kommt mit purer Sahne – also viel Fett – auf den Tisch. Hier ist die Grütze gelb und schmeckt mit fettarmem Vanillejoghurt.

Bratapfel

Zutaten für 1 große Portion

- 1 großer Apfel (z.B. Boskop, 150 g)
- etwas Zitronensaft

Für die Füllung:
- 2 getrocknete Feigen (ca. 30 g)
- 3 EL Orangensaft (am besten frisch gepresst)
- 2 EL Haferflocken (ca. 20 g)
- etwas Zimt
- 1/2 TL weiche Butter

ca. 15 Minuten
(plus ca. 30 Minuten Bratzeit)

1. Den Backofen auf 180 °C vorheizen. Den Apfel waschen und trockenreiben. Das Kerngehäuse mit einem Apfelausstecher ausstechen. Die Öffnung mit etwas Zitronensaft beträufeln.

2. Die Feigen in kleine Würfel schneiden, in eine kleine Schüssel geben und den Orangensaft dazugießen. Dann die Haferflocken darunter rühren. Die Mischung mit Zimt würzen.

3. Die Mischung in den Apfel füllen. Es darf ruhig ein wenig oben herausschauen. Das Butterflöckchen darauf setzen.

4. Den Apfel auf ein mit Backpapier belegtes Backblech setzen, in den Ofen geben und etwa 30 Minuten braten.

Nährwerte: insges. ca. 260 kcal / 1090 kJ / 4 g F / 50 g KH / 5 g E

Zimt-Grießbrei

Zutaten für 1 Familienportion
- 500 ml Milch (1,5 % Fett)
- 1 Prise Jodsalz
- 1 Stück Schale von einer unbehandelten Zitrone
- etwa 60 g Weichweizengrieß
- ca. 1 TL Zimt
- 2 EL Zucker

ca. 20 Minuten

1. Die Milch zusammen mit dem Salz und der Zitronenschale aufkochen. Den Grieß einrühren, kurz aufkochen lassen und den Topf von der Herdplatte nehmen. Die Zitronenschale herausnehmen.

2. Anschließend den Grieß einige Minuten ausquellen lassen, dabei immer wieder kräftig umrühren. Zum Schluss den Zimt und den Zucker unter den Grießbrei rühren.

Nährwerte: insges. ca. 560 kcal / 2340 kJ / 8 g F / 96 g KH / 23 g E

Dazu passen Apfelmus oder frische Beeren. Soll der Brei als süßes Hauptgericht gereicht werden, zum Beispiel nach einer leichten Gemüsesuppe, die doppelte Menge Milch und Grieß nehmen.

Reisbrei

Reisbrei wird auf die gleiche Weise gemacht. Sie benötigen 125 g Milchreis auf 500 ml fettarme Milch. Den Reis in die kochende Milch rühren, dann den Brei auf der ausgeschalteten Herdplatte ausquellen lassen und immer wieder umrühren. Am besten in einem beschichteten Topf zubereiten. Sehr gut schmeckt der Brei, wenn klein geschnittene getrocknete Aprikosen zusammen mit dem Reis in der warmen Milch ausquellen.

Apfelstrudel

Zutaten für 10 Stücke

Für den Teig:
- 3 EL flüssige Margarine
- 3 EL warmes Wasser
- 3 EL Zucker (ca. 45 g)
- 1 Prise Jodsalz
- 1 1/2 TL Backpulver
- 170 g Mehl (Type 405)

Für die Füllung:
- 30 g Rosinen
- 2 EL Orangensaft
- 750 g säuerliche Äpfel
- Saft von 1 Zitrone
- 50 g Zucker
- 1/2 TL Zimt

Zum Bestreichen:
- 1 EL Milch (1,5 % Fett)

Außerdem:
- 40 g Vanillejoghurt (1,5 % Fett) pro Kuchenstück

ca. 30 Minuten (plus ca. 35 Minuten Backzeit)

1. Die Margarine, das Wasser, den Zucker und das Salz in eine Schüssel geben und mit den Schneebesen des Handrührgerätes aufschlagen. Das Backpulver samt Mehl hinzugeben und alles so lange rühren, bis kleine Teigklumpen entstehen. Daraus mit den Händen eine Teigkugel formen, abdecken und etwa 20 Minuten ruhen lassen.

2. Inzwischen den Backofen auf 180 °C vorheizen. Rosinen zusammen mit dem Orangensaft in ein Wasserglas geben und quellen lassen. Die Äpfel schälen, entkernen, achteln und in kleinen Würfel schneiden. Mit dem Zitronensaft mischen und marinieren lassen.

3. Den Teig auf einer bemehlten Arbeitsfläche zu einem Rechteck von etwa 45 x 45 cm ausrollen. Die Äpfel darauf verteilen. Dabei an drei Seiten einen Rand von etwa 4 cm frei lassen. Die Rosinen samt Saft auf die Äpfel geben. Zucker und Zimt mischen und gleichmäßig darüber streuen.

4. Den Teig an zwei gegenüberliegenden Seiten über die Füllung schlagen. Alles vorsichtig zu einem Strudel aufrollen und auf ein mit Backpapier ausgelegtes Blech setzen. Den Strudel mit der Milch bestreichen.

5. Den Strudel auf der mittleren Schiene des Backofens etwa 35 Minuten backen. Danach leicht abkühlen lassen, mit zwei Pfannenhebern auf eine Platte setzen. Den Strudel in 10 Stücke schneiden und lauwarm mit Vanillejoghurt servieren.

Nährwerte: pro Stück ca. 210 kcal / 860 kJ / 3 g F / 39 g KH / 3 g E

Zimtschnecken

Zutaten für 20 Stück

Für den Teig:
- gut 200 ml Milch (1,5 % Fett)
- 50 g Margarine
- 400 g Mehl (Type 405)
- 50 g Zucker
- 1 Prise Jodsalz
- 1 Päckchen Trockenhefe
- 1 Ei (Größe L)

Für die Füllung:
- 75 g Magerquark
- 2 EL Milch (1,5 % Fett)
- 2 EL Zucker
- 1 gehäufter TL Zimt

ca. 30 Minuten (plus ca. 1 Stunde Gehzeit und plus 20 Minuten Backzeit)

1. Die Milch lauwarm erwärmen. Die Margarine schmelzen und abkühlen lassen. Das Mehl, den Zucker, das Salz und die Hefe in eine Schüssel geben und gut mischen. Das Ei verquirlen und zusammen mit der Milch und der Margarine mit den Knethaken eines Handrührgerätes unter die Mehlmischung arbeiten. Den Teig mit den Händen so lange kneten, bis er glatt ist.

2. Die Schüssel abdecken. Den Teig an einem warmen Ort etwa 30 Minuten gehen lassen. Sein Volumen sollte sich dabei etwa verdoppeln.

3. Inzwischen den Quark und die Milch verrühren. Den Zucker und den Zimt mischen. Den Backofen auf 180 °C vorheizen.

4. Den Teig auf einer leicht bemehlten Arbeitsfläche zu einem Rechteck von etwa 42 x 42 cm ausrollen. Zuerst die Quarkmischung, dann den Zimtzucker darauf verteilen. Die Teigplatte vorsichtig aufrollen und anschließend in etwa 1,5 cm breite Scheiben schneiden.

5. Die Schnecken auf ein mit Backpapier ausgelegtes Blech setzen und an einem warmen Ort nochmals so lange gehen lassen, bis sie deutlich an Volumen zugenommen haben.

6. Die Schnecken auf der mittleren Schiene des Backofens etwa 20 Minuten backen. Vorsicht: Sie werden schnell dunkel.

Nährwerte: pro Stück ca. 120 kcal / 490 kJ / 3 g F / 19 g KH / 3 g E

Vollkornvariante

Anstelle des Weizenmehls kann man auch Dinkelvollkornmehl nehmen. Dann aber ein wenig mehr Milch dazugeben.

Hefegebäck

Hefeteig gelingt auch ohne viel Eier, Butter oder Margarine wunderbar. Deshalb sind die kleinen Schnecken eine fettarme Alternative zu Croissants, Sahnetorte, mürben Plätzchen oder mit Nuss und Mohn gefüllten Stückchen. Bevorzugen Sie beim Bäcker einfache Rosinenbrötchen statt Teilchen mit Füllung, Streuseln oder dicker Zuckerdecke.

Süße Hauptgerichte und Desserts

Bananenmuffins

`kinderleicht`

Zutaten für 12 Stück

- 1 EL Margarine
- 180 g Mehl (Type 405)
- 2 gehäufte TL Backpulver
- 1 Prise Jodsalz
- 50 g Zucker
- 1 Ei (Größe L)
- 100 ml Buttermilch
- 2 Bananen

ca. 15 Minuten
(plus 25 Minuten Backzeit)

1. Die Margarine schmelzen lassen und die Muffinförmchen damit gründlich auspinseln. Das Blech in den Kühlschrank stellen, so dass die Margarine wieder fest wird. Den Backofen auf 180 °C vorheizen.

2. Das Mehl, das Backpulver, 1 Prise Salz und den Zucker in einer Rührschüssel mischen. Das Ei mit der Buttermilch verrühren. Die Bananen schälen, in Scheiben schneiden und zusammen mit der Buttermilch-Ei-Mischung fein pürieren.

3. Die flüssige Mischung zum Mehl geben und alles mit einem Esslöffel zu einem glatten Teig verrühren. Den Teig in die Förmchen des Muffinblechs verteilen.

4. Die Muffins auf der mittleren Schiene des Backofens in etwa 25 Minuten goldbraun backen. Das Blech aus dem Ofen nehmen und die Muffins sofort aus der Form stürzen. Auf einem Kuchengitter abkühlen lassen.

Nährwerte: pro Stück ca. 110 kcal / 440 kJ / 2 g F / 19 g KH / 3 g E

Knusperobst

`kinderleicht`

Zutaten für 1 Familienportion

- 500 g Obst (z.B. Zwetschgen, Rhabarber, Äpfel)
- 50 g Müslimischung ohne Rosinen
- 50 g feines Dinkelvollkornmehl
- 1 EL Zucker
- 30 g weiche Butter
- 1 gehäufter EL Magerquark

ca. 15 Minuten
(plus ca. 25 Minuten Backzeit)

1. Den Backofen auf 180 °C vorheizen. Das Obst waschen und trockenreiben. Je nach Obstsorte schälen und entkernen, dann klein schneiden. Zwetschgen z.B. halbieren, Rhabarber und Äpfel in Stücke schneiden. Das Obst in eine flache Auflaufform geben.

2. Die Müslimischung, das Mehl, den Zucker, die weiche Butter und den Magerquark mischen und zu Streuseln zerbröseln. Die Streusel über das Obst streuen. Das Ganze in den Ofen stellen und in etwa 25 Minuten knusprig backen.

3. Das überbackene Obst leicht abkühlen lassen und lauwarm servieren.

Nährwerte: insges. ca. 830 kcal / 3500 kJ / 32 g F / 116 g KH / 17 g E

Süße Hauptgerichte und Desserts

Muffins

Kinder mögen die kleinen runden Portionsküchlein ausgesprochen gern, denn man kann sie einfach aus der Hand essen. Leider enthalten die meisten Rezepte reichlich Fett und Eier. Die Bananenmuffins hier kommen jedoch mit nur einem Ei aus.

Rezeptregister

Apfelstrudel 106
Asianudeln süß-sauer 61

Bananenmuffins 108
Blitz-Pizza 62
Blumenkohlcurry mit Reis 73
Bohneneintopf, milder 44
Bratapfel 104
Bunter Kullerweizen 81

Chili-con-carne-Eintopf, milder 45
Chinesischer Reis 79
Cremiger Müslidrink 26

Döner-Sandwich 35

Eis, schnelles 103
Eisberg-Birnen-Salat 37

Fertigsuppe „Pepp-up" 41
Fingerhähnchen und Fingergemüse 91
Fisch am Stäbchen mit Gurkensalat 85
Fisch mit Gemüse in Kokossauce 88
Fisch unter Kartoffelwellen 86
Fischsonne rot-grün 84
Forellen auf Mangold 89
Frischkäse-Apfel-Brötchen 28
Früchtemüsli 26

Gelbe Grütze 104
Gemüseeintopf, italienischer 47
Gemüsemuffins 62
Gemüsesuppe mit Klößchen 44
Griechischer Nudel-Gemüse-Topf 57
Grütze, gelbe 104
Gulasch, schnelles 96
Gurkentaler und Tomatenzwerge 32

Hackbällchen in zitroniger Sauce 97
Hähnchenpfanne mit Wokgemüse 90
Hähnchenspieße mit Ananaswirsing 92

Italienischer Gemüseeintopf 47

Kartoffel-Brokkoli-Auflauf 74
Kartoffelgnocchi mit Champignonsauce 72
Kartoffelgratin in würziger Creme 66
Kartoffelgulasch 69
Kartoffel-Kohlrabi-Würfel 68
Kartoffelsalat 76
Kartoffelsuppe mit Knuspereinlage 42
Kartoffelwedges mit Paprikadip 67
Käseschnitte mit Knabbergemüse 29
Käsespätzle 51
Kicher-Eintopf 46
Knuspermüsli 27
Knusperobst 108
Konfetti-Hähnchen 94
Krauthack 95
Kullerweizen, bunter 81

Maiskolbenknabberei 36
Melonenspieße mit Tomatenhut 33
Milder Bohneneintopf 44
Milder Chili-con-carne-Eintopf 45
Möhrennudeln 50
Müslidrink, cremiger 26

Nudelauflauf 60
Nudel-Gemüse-Topf, griechischer 57
Nudeln mit Geisterbolognese 54
Nudeln mit roten Linsen 53
Nudeln mit Schafskäse, überbackene 52
Nudeln mit schneller Spinatsauce 56
Nudelsalat 52

Obstsalat mit Honigquark 102

Paella-Reis 78
Pfannkuchen nach Indianerart 75
Polentanocken in roter Paprikaschotensauce 80
Puffer-Ufos mit Gurken-Apfel-Quark 71

Reis auf Sultans Art 77
Reis, chinesischer 79
Rizucki 76
Rotbarsch mit Brokkoli im Päckchen 87
Roter Kasseler-Topf 98

Schinkenmax 30
Schleifchen und Kugeln 51
Schnelles Eis 103
Schnelles Gulasch 96
Schupfnudeln mit Lauch-Apfel-Gemüse 73
Sommererfrischung 103
Sommerpizza 63
Spaghetti mit „schlanker" Carbonara 55

Tacos mit Sommersalsa 31
Tomatensuppe 41

Überbackene Nudeln mit Schafskäse 52

Weißkohlfladen 58
Wintertopf mit Rindfleisch 99
Wraps mit Thunfischfüllung 31

Zimt-Grießbrei 105
Zimtschnecken 107
Zucchinichips 36
Zucchinicrostini 33
Zucchinisuppe 40

Tipps und Infos

Auf Vorrat kochen 97
Blinis 75
Brattemperaturen 67
Brotbegleitung 29
Brotbelag 30
Brötchen, körnig-kernige 28
Brote, überbackene 33
Brotteig als Pizzateig 63
Döner & Co. 35
Fast Food 34
Fisch mit oder ohne Panade? 84
Flakes & Co. 27
Fleisch statt Bratwurst 98
Frühstück 26
Gemüse mit Nudeln kombinieren 57
Gemüsemais 36
Gemüsesauce 80
Hefegebäck 107
Hülsenfrüchte 46
Kartoffeln 68
Kartoffelpuffer 70
Kartoffelpuffer mit Apfelmus 71
Kohl 95
Kürbis 54
Lachs und andere Fettfische 85
Mittagessen, schnelles 72
Obst als Salatbeilage 37
Obst essen 102
Pancakes 75
Pastinaken 99
Pizzateig, fertiger 62
Quark-Öl-Teig 58
Reisbrei 105
Schweinefleisch 96
Tütensuppen 41
Verfeinerung von Suppen 40
Vollkornnudeln 50
Vollkornreis 79
Weniger Fett bei Hähnchen 91, 94
Wok-Gemüsemischung 90
Würstchen im Eintopf 42
Zartweizen 81

Backtemperaturen

Die angegebenen Temperaturen beziehen sich auf Ober- und Unterhitze. Wer lieber mit Umluft backt, muss die Angaben um 10 bis 20 % reduzieren.

Abkürzungen/Erläuterungen

EL = Esslöffel = 2 TL (gestrichene Maße; 1 EL Öl/Butter = 10 g)
TL = Teelöffel (gestrichene Maße)
ml = Milliliter
l = Liter
°C = Grad Celcius
TK= Tiefkühlware
Familienportion = Menge für 2 Erwachsene und 2 Kinder (Grundschulalter)
kcal = Kilokalorien
kJ = Kilojoule
F = Fett
E = Eiweiß
KH = Kohlenhydrate

Nährwertangaben

Bei Familienmahlzeiten stehen Nudeln, Kartoffeln, Eintopf, Gulasch und Co. meist in großen Schüsseln auf dem Tisch. Jeder nimmt sich nach Augenmaß, Hunger und Lust. An einem Tag mal mehr, an einem anderen mal weniger. Deshalb beziehen sich die Nährwertangaben auf die gesamte Rezeptmenge. Lediglich da, wo die Menge schon vor dem Servieren in Stücke geteilt wird, sind auch die Mengenangaben pro Stück angegeben.

Impressum

Bibliografische Informationen der Deutschen Bibliothek
Die Deutsche Bibliothek verzeichnet diese Publikation in der Deutschen Nationalbibliografie, detaillierte bibliografische Daten sind im Internet über *http://dnb.ddb.de* abrufbar.

Die Verwertung der Texte und Abbildungen, auch auszugsweise, ist ohne Zustimmung des Verlags urheberrechtswidrig und strafbar. Dies gilt auch für Vervielfältigungen, Übersetzungen, Mikroverfilmungen und für die Verarbeitung mit elektronischen Systemen.

Die Ratschläge in diesem Buch sind von Autorin und Verlag sorgfältig erwogen und geprüft, dennoch kann eine Garantie nicht übernommen werden. Die Haftung der Autorin bzw. des Verlags und seiner Beauftragten für Personen-, Sach- und Vermögensschäden ist ausgeschlossen.

Urania Verlag
in der Verlagsgruppe Dornier GmbH
Postfach 80 06 69, 70506 Stuttgart

www.urania-verlag.de
www.verlagsgruppe-dornier.de

© 2005 Urania Verlag, Stuttgart
in der Verlagsgruppe Dornier GmbH
Alle Rechte vorbehalten.

Umschlaggestaltung: Behrend & Buchholz, Hamburg
Umschlagbild: Heidi Velten, Leutkirch
Autorin: Monika Cremer, Idstein
Fotos: Verena Boening, außer S. 4, 8, 14, 20, 22, 23 von Image Source AG
Layout: boening design, Frankfurt a. M.
Printed in Germany

ISBN 3-332-01733-0
ISBN 978-3-332-01733-5